KRIMINALAKTE

TATORT

NACHBARSCHAFT

AF238553

**Schwere Straftaten
aus Deutschlands Norden**

Inhaltsverzeichnis

Vorwort **6**

Die Autoren **8**

ERSTER TEIL *11*
Warum – Sechs Fälle, die berühren

KAPITEL I – DURCHGEDREHT
Der Junge, der seine Familie auslöschte *12*

KAPITEL II – ENDSTATION RASTPLATZ
Der Pferdehändler, der nur Geschäfte machen wollte *18*

KAPITEL III – ZERSTÖRTES GLÜCK
Der Mann, der zum Mörder wurde *26*

KAPITEL IV – UNFASSBARE QUALEN
Das Mädchen, das den bösen Tee nicht trinken wollte *43*

KAPITEL V – SKATBRUDER AUF DEM GEWISSEN
Der Rentner, der nur Karten spielen wollte *53*

KAPITEL VI – TOD EINES AUTOHÄNDLERS
Der Mann, der kein eigenes Konto wollte *64*

ZWEITER TEIL **72**
Der Axtmord von Trebenow

KAPITEL I – ÜBERFALL IN DER NACHT

Ausflug in die Provinz 73

KAPITEL II – DER PROZESS

Drei Verhandlungstage und unzählige Details 91

DRITTER TEIL **95**
Mysteriös – Der Brunnenmord in der Uckermark

KAPITEL I – GRAUSIGE ENTDECKUNG

Skelettfund ist ein Fall für die Mordkommission 96

KAPITEL II – AUS DEM GERICHTSSAAL BERICHTET

Zeuge kneift vor Gericht 100

VIERTER TEIL *113*

Unvergessen – Fälle, die lange zurück liegen

KAPITEL I – DAS VERSCHWINDEN DER REGINA M.

„Aktenzeichen XY" bringt neue Hinweise im Fall Regina M. 114

KAPITEL II – DIE WILDEN NACHWENDE-JAHRE

Von Serienbetrügern, Unfallfahrern und bezahltem Sex 119

FÜNFTER TEIL *133*

Kriminalistisches Gespür – Im Dienste der Wahrheit

KAPITEL I – ÄRZTIN AUS LEIDENSCHAFT

Prof. Dr. Britta Bockholdt – Tatort-Professor ist für sie kein Kollege 134

KAPITEL II – DER RICHTIGE INSTINKT

Dr. Mark Benecke, der etwas andere Aufklärer 137

Vorwort

Straftaten sind nicht gleich Straftaten. Es gibt Handlungen, die traut man seinem ärgsten Feind nicht zu. Doch, fragt man sich, warum machen Menschen sowas? Zu was sind sie fähig? Was geht in ihnen vor? Wer oder was hat ihnen so zugesetzt, dass jegliches Mitgefühl auf der Strecke geblieben ist? Und was vor allem hat das alles mit unschuldigen Mitmenschen zu tun? Warum wurde gerade Der- oder Diejenige Opfer solch schwerer Kriminalität? Hätte man solche Taten verhindern können, wenn rechtzeitig aus dem Umfeld gehandelt worden wäre? Gibt es Mitläufer, Mittäter, Mitverursacher oder auch einfach nur Leute, die aus falscher Rücksichtnahme geschwiegen haben? Diese und andere Fragen gehen einem Journalisten durch den Kopf, wenn er im Rahmen eines meist über Jahrzehnte währenden Berufslebens mitunter auch auf ganz schwere Verbrechen stößt. Dann objektiv zu berichten, fällt nicht immer leicht. Es ist aber ein Anspruch, den der Schreiber an sich selbst hegt. Die Schwere der Tat darzustellen, dem Opfer oder deren Hinterbliebenen gerecht zu werden, und doch – wie es das Gesetz verlangt – ohne dem vermeintlichen Täter jegliche Chance auf Rehabilitation zu nehmen. Letztlich entscheidet der Richter, welche Strafe dem Verursacher zuteil wird. Und so lange noch kein Urteil rechtskräftig ist, muss der Unschuldsgedanke gelten – auch wenn einem das Gefühl etwas ganz anderes sagt. Und selbst dann, Jahre später, wenn der Täter seine Tat abgesessen, dafür gebüßt, gezahlt oder auch zu Recht gelitten hat, dann muss ihm – bis auf wenige, besonders schwerwiegende Ausnahmefälle – die Chance eingeräumt werden, sich wieder in der Gesellschaft zu integrieren, ohne ständig erkannt und mit der Tat in Verbindung gebracht zu werden. Abgesessen ist abgesessen – so sieht es das Gesetz vor. Danach ist der

Verurteilte ein freier Mann oder eben eine freie Frau. Aber was wird aus dem Opfer? Hatte es die selbe Chance, sein Leben fortzusetzen, wieder zur Normalität zu finden oder wenigstens neu anzufangen? Wer sorgt dafür, dass der oder die Geschädigte Wiedergutmachung erfährt? Nun gut, es gibt Opferhilfeorganisationen, wie den Weissen Ring e.V., der sich solcher Aufgaben annimmt. Und diese Arbeit ist hoch anzurechnen, bleiben die Betroffenen beziehungsweise Hinterbliebenen von Straftaten doch meist im Schatten stehen – während sich alle Scheinwerfer von Medien und Rechtslandschaft auf den Täter richten. Und wenn es, wie in den in diesem Buch geschilderten Fällen, meist gar keine Zukunft gibt, weil Menschen kaltblütig umgebracht oder nachhaltig geschädigt wurden, so fragt man sich wieder: Warum? Eine Frage, die am Ende meistens offen bleibt. Und zwar in vielerlei Hinsicht. Warum hat er das getan? Warum muss er nicht länger in den Knast? Warum darf er überhaupt wieder auf freien Fuß kommen? Auch wenn der Fall ansonsten bis ins letzte Detail geklärt werden konnte. Das *Warum* steht wie eine undurchdringliche Festung. Für den Schreibenden, den Lesenden und vor allen Dingen auch den Angehörigen, der manchmal ein Leben lang mit dieser quälenden Frage leben muss – während der verurteilte Täter längst wieder auf freiem Fuß ist und ein neues, mitunter auch anonymes Leben anfangen kann. Warum?

Die Redaktion

Die Autoren

Thomas Beigang *(Jahrgang 1960), Journalist beim Nordkurier mit einem besonderen Faible für Geschichten jenseits der Hauptstraße, hat, zusammengerechnet, viele Wochen gemeinsam mit Richtern, Staatsanwälten, Verteidigern, Angeklagten und Zeugen in Warener und Neubrandenburger Gerichtssälen gesessen und dabei Geschichten gehört, die manchmal kaum zu glauben waren. Im Frühjahr 2015 erschien sein erstes Buch, die „Kriminalakte Müritz" mit Gerichtsreportagen aus der Region. Auch bei der Fortsetzung der Buchreihe wirkte Thomas Beigang, der das Handwerk des Journalisten von*

der Pike auf gelernt und studiert hat, mit und trug mit seinen Artikeln über Gauner, Schurken oder auch einfach nur Zeitgenossen, die irgendwie auf die schiefe Bahn geraten waren, dazu bei, dass die „Kriminalakte Neubrandenburg" und die „Kriminalakte Vorpommern" erscheinen konnten. Im Frühjahr 2017 folgte die „Kriminalakte Vermisst". Darin schildert der Autor etliche wahre Vermissten-Schicksale aus Mecklenburg-Vorpommern.

Thomas Beigang

Nun erscheint das fünfte Buch in dieser Reihe. Und wieder sind es Straftaten, die ein hohes Maß an Einfühlungsvermögen und Fingerspitzengefühl vom Schreibenden abverlangen. Schwere Straftaten, die zumeist Leben kosteten und auch für den Journalisten mitunter nur schwer nachzuvollziehen sind – auch wenn sie manchmal schon Jahre zurückliegen. Dieses Buch hält die Erinnerung wach.

Rainer Marten, *geboren 1957 in Strasburg (Uckermark), wuchs im ucker-märkischen Trebenow/Brandenburg auf. Seine Familie ist dem Ort seit Generationen verbunden. Journalistisch tätig ist der Autor seit Mai 1978. In den 1980er Jahren studierte er Journalismus in Leipzig. Im Anschluss war er verantwortlich für mehrere Regionalredaktionen und arbeitete unter anderem als Redaktionsleiter in Pasewalk. Zu den besonderen Leidenschaften des Journalisten gehören nicht nur Reisen und der Garten, sondern seit vier Jahrzehnten auch die Orts- und Heimatgeschichte. So findet sich der „Axtmord*

Rainer Marten

von Trebenow" nicht nur in diesem Buch. Für die Ortschronik von Trebenow arbeitet Rainer Marten diesen und weitere Fälle auf. „Ich denke, dass Ereignisse der Regionalgeschichte nicht verblassen sollten. Das beziehe ich nicht nur auf diesen spektakulären Mordfall, der unser Dorf erschüttert hat, sondern auch auf die vielen kleinen Ereignisse im Ortsleben. In dieser schnelllebigen Zeit gilt es, sie für die kommenden Generationen sachlich korrekt, aber auch emotional zu bewahren."

Zudem haben weitere Redakteure der Nordkurier Mediengruppe mit ihren Beiträgen zum Erscheinen dieser Kriminalakte beigetragen. Nicht alle Mitwirkenden können an dieser Stelle aufgeführt werden. Ihre Namen sind den Artikeln aber zugeordnet.

ERSTER TEIL

WARUM?

Sechs Fälle, die berühren

+ + + Zugetragen im September 2001 + + +
Von Thomas Beigang

■ Der Junge, der seine Familie auslöschte

Die kleine Kirche bot längst nicht allen Platz. Zu der Trauerfeier und anschließenden Beisetzung erschienen so viele Leute, wie sie das Dorf wohl noch nie gesehen hat. Auch ein Polizeipsychologe war erschienen, der sollte helfen, wenn jemandem das alles zu viel wurde. Unter den Trauergästen damals, als das neue Jahrtausend gerade mal etwas älter als ein Jahr war, auch viele Schüler. Die 14- und 15-Jährigen begriffen immer noch nicht, was da gerade geschehen war. Dass einer von ihnen neun Tage zuvor seine Mutter und seine kleine Halbschwester erschossen hatte. Sich zwei Jagdpistolen seines Stiefvaters aus dem ungesicherten Waffenschrank genommen hatte, die Pistolen lud und abdrückte. Wie man mit Waffen umgeht, wusste der Junge. Er durfte ab und zu seinen Stiefvater zum Angeln und zur Jagd begleiten.

Als der Junge auf seine Mutter und das kleine Mädchen schoss, war der Stiefvater weit entfernt irgendwo in Süddeutschland mit seinem Truck unterwegs. Die Polizei, die lange vergeblich versuchte, den Fernfahrer telefonisch zu erreichen, sorgte sich. Gut möglich, dass er die schreckliche Nachricht zuerst aus dem Radio erfuhr.

Für einen 14-jährigen Mitschüler war das auf der Trauerfeier alles zuviel. Er brach zusammen und musste draußen medizinisch versorgt werden. Seine Kumpels im Jugendklub des vorpommerschen Nachbardorfes, die sich nach der Beerdigung trafen, um gemeinsam zu rauchen und ein paar Bier zu trinken, erließen sich gemeinschaftlich Redeverbot gegenüber Fremden. Denn zu viele Fremde nahmen das Dorf an den vergangenen Tagen in Beschlag. Polizisten, Rechtsmediziner, Psychologen, Journalisten. Die meisten von denen hatten bis dahin noch nie den Namen des Dorfes gekannt.

Man soll sie jetzt in Ruhe lassen, beschied der junge Mann an der Tür des Jugendklubs und zog hastig an seiner Zigarette. Man benötige keine anderen, lässt er wissen. Klar kommen mit dem Ganzen müssen sie schließlich ganz allein.

Schwer genug. Denn begreifen konnte das entsetzliche Geschehen niemand. Warum erschießt ein 14-jähriger Junge, der sich bis dahin kaum von seinen Altersgefährten in den Dörfern hier unterscheidet, Mutter und Schwester? Von einer praktischen „Hinrichtung" sprechen später die Polizisten. Weder die Mutter und erst recht nicht die Siebenjährige, die wenige Tage zuvor in die Schule gekommen war, hatten eine Chance.

Am Abend des Tages, an dem der Junge seine Familie auslöschte, gab es in dem vor Schreck gelähmten Dorf noch kein kollektives Schweigegelübde. Fassungslose Jugendliche beschrieben den Jungen, der gerade von der Kriminalpolizei nach Neubrandenburg gefahren wird, als einen der ihren. Kein Stück anders, heißt es, sei der gewesen. Nicht besser als die anderen und auf keinen Fall schlechter. Und jetzt ist er ein Doppelmörder. So schnell.

Hinterher, auch nach den Vernehmungen, heißt es, schulische Probleme hätten bei dem plötzlichen Ausbruch von Gewalt wohl eine

Rolle gespielt. Darüber konnten die Kumpels damals nur lachen. Weder mehr noch weniger als sie. Was bedeutet schon Schule? Am Tag nach dem Tod der Frau und des Mädchens fällt für die Schüler der neunten und zehnten Klasse der Unterricht aus. Das Schulamt im fernen Neubrandenburg schickte drei Schulpsychologen in die Dorfschule. Ob und wie die helfen konnten – darüber wird nie wieder gesprochen.

Aber bis zum Prozess, der wenige Monate später in Neubrandenburg stattfindet, hält sich die Erklärung als mögliches Motiv. Der Junge, dessen Leistungen in der Schule nachließen, habe den Stress, den ihm die Mutter deswegen machte, nicht ausgehalten. In der Verhandlung, die wegen des jugendlichen Alters des Angeklagten unter Ausschluss der Öffentlichkeit stattfand, konnten auch keine befriedigenden Antworten gefunden werden. Die Gründe, die der Jugendliche während der Verhandlung für die Tat nannte, waren für das Gericht nicht nachvollziehbar. Der Junge blieb bis zum Schluss dabei, der Streit wegen schlechter Noten habe zu den Schüssen geführt. Vorweggenommen: Das Landgericht in Neubrandenburg verurteilte den inzwischen 15 Jahre jung gewordenen Angeklagten zu einer achtjährigen Freiheitsstrafe. Zehn Jahre – die Höchststrafe für einen Jugendlichen – hatte die Staatsanwaltschaft gefordert. Nur einen Tag lang dauerte die Verhandlung bis zum Schuldspruch. Die Richter verurteilten den Jungen wegen Mordes an der 38-jährigen Mutter und wegen Totschlags an der Schwester.

Eine zentrale Frage während der langen Ermittlungen blieb – neben dem plausiblen Motiv – die nach der Schuldfähigkeit des Sohnes und Bruders. Niemand, selbst der vielgerühmte Gerichtspsychologe, der als Gutachter vom Gericht bestellt wurde, wusste ein halbes Jahr nach den Taten etwas über die Motivation zu sagen. Die

Familie, so hieß es immer wieder, sei eine ganz normale gewesen. In seinem Gutachten jedenfalls musste der Professor aus Rostock dem Schüler die volle Schuldfähigkeit attestieren. Nicht ausschließen konnte aber auch der Experte nicht, ob der Schüler zur Tatzeit vielleicht unter einer sogenannten Kurzzeit-Psychose litt, in der für kurze Zeit Ursache und Wirkung keine Rolle mehr spielen und die Folgen des eigenen Handelns ausgeblendet werden. Kriminaltechniker fanden nach dem eruptiven Gewaltausbruch in dem Wohnhaus 16 Kugeln. Begreifen mochte der Junge das alles damals nicht. Von seiner Mutter sprach er in der Untersuchungshaft vor dem Prozess nur in der Gegenwart und den von ihm verschuldeten Tod der kleinen Schwester hatte er gar nicht realisiert.

Ermittelt wurde damals auch gegen den Stiefvater des Todesschützen – wegen des Verstoßes gegen das Waffengesetz. Der hatte seine Jagdutensilien nicht so sicher verwahrt, wie es das Jagdgesetz vorschreibt. Kein Unbefugter darf sich dazu Zugang verschaffen können, zudem müssen Waffen und Munition getrennt voneinander in geschlossenen Behältnissen gelagert werden. Möglichst sollen diese Schränke aus Metall oder stabilem Holz sein. Weil das im Wohnhaus der zerstörten Familie nicht der Fall gewesen ist, starben zwei Menschen. Und der Schütze und alle anderen aus der Familie mussten lernen, damit zu leben.

Lähmendes Entsetzen nach grausiger Bluttat

14-jähriger Junge erschießt seine Mutter und die Schwester

Von unserem Redaktionsmitglied
Thomas Beigang

Demmin. Niemand im Dorf hat eine Antwort parat. Das entsetzliche Geschehen gestern Nachmittag in dem kleinen Dörfchen███ ███ (Landkreis Demmin) lähmt alle Nachbarn gleichermaßen. Wie ist zu erklären, dass ein 14-jähriger Junge seine Mutter und seine Schwester erschießt?

Nicole (15), eine Mitschülerin, kann nicht aufhören zu weinen. Genau wie der mutmaßliche Täter besucht sie die neunte Klasse der Realschule im benachbarten ███████ Die beiden hatten sich gestern Nachmittag verabredet. Hausaufgaben wollten sie gemeinsam machen, erzählt das Mädchen unter Tränen, und Chemie auch. Denn für heute war eine Klassenarbeit in dem Fach angesagt. So ganz auf festen Füßen standen da beide nicht, zusammen sollte gelernt werden. Pünktlich sei sie auch am Hoftor gewesen, erzählt Nicole, aber das wäre verschlossen gewesen. Auch das Klopfen am Fenster habe nichts genutzt. Da ist sie eben wieder nach Hause gegangen. Kurze Zeit später sei auch schon der Rettungshubschrauber aus Greifswald am Dorfteich gelandet und die entsetzliche Nachricht von der Bluttat machte die Runde.

Stephan B███████ steht vor der Polizeiabsperrung, die Haus und Hof vor Unbefugten schützen soll, und kann wie alle anderen das Geschehen nicht fassen. Noch vor ein paar Stunden ist er mit dem Jungen, der wenig später seine Familie auslöscht, im Schulbus nach ███ gefahren. „Der war immer ganz normal", sagt er, „ein übel eben". Warum der plötzlich so ausgerastet sein soll, wäre ihm ein Rätsel. Stephan hat mit seiner Clique im Jugendklub in ███████ gesessen, als jemand mit der Nachricht hereinplatzte. Niemand wollte das glauben, bis die in das Dorf eilenden Jugendlichen den Rettungshubschrauber sahen.

Schulische Probleme, so heißt es inoffiziell, sollen das Motiv für die Tat sein. Stephan B███ will das nicht glauben. „Der hat keine besonderen Probleme gehabt", sagt der Junge, „nicht mehr als wir anderen auch."

Mit auf der Jagd gewesen

Zu den Hobbys des mutmaßlichen Täters habe die Jagd gehört, erzählen die Nachbarn. Oft habe der Stiefvater des Jungen den sogar schon mit auf die Pirsch genommen. Das muss ihn so beeindruckt haben, dass er Jagderlebnisse auch schon mal zum Thema eines Schulaufsatzes gemacht hat. Auch zum Angelngehen habe man ihn nie lange überreden müssen.

Wie der Nordkurier seinen am Ort des Geschehens schon erfuhr, soll der 14-Jährige seine 38-jährige Mutter und die siebenjährige Schwester, die erst vor wenigen Tagen eingeschult wurde, mit zwei Pistolen seines Vaters erschossen haben, der als Jäger zum Führen der Pistolen berechtigt war. Notwendig seien die auf der Jagd, wenn man dem erlegten Wild noch einen Fangschuss geben muss, erklärte

ein anderer Hobby-Jäger. Zuerst soll der 14-Jährige auf seine Mutter geschossen haben, danach auf seine kleine Schwester. Tatort seien das Wohn- und das Schlafzimmer gewesen.

Während in ███████ niemand gestern Abend von etwas anderem als der schlimmen Tat sprach, wird der Vater möglicherweise noch gar nichts davon gewusst haben. Der ist Fernfahrer von Beruf und immer die ganze Woche unterwegs, erzählt eine Nachbarin. Wie es hieß, soll der Mann gestern Abend von der Strecke von Frankfurt/Main nach Hamburg gefahren sein. Und schlimme Nachrichten wie diese, so erklärte ein Polizeisprecher auf Nachfrage, werden natürlich nicht am Telefon überbracht. Die Beamten wollten mit der Übermittlung der Schreckensbotschaft warten, bis der Fernfahrer sein Ziel in Hamburg erreicht hat. Schlimmstenfalls allerdings hat der Mann die Nachricht unterwegs übers Radio gehört.

Trotz allem Mitleid mit dem bedauernswerten Vater wird die Polizei nicht umhinkommen, ihm unangenehme Fragen zu stellen. Zum Beispiel die, warum seine Waffen nicht so verschlossen sind, dass niemand, auch nicht die Familienangehörigen, sich dazu Zutritt verschaffen kann.

Eine Frage, die den 64-jährigen Horst R███████, der von seinem Anwesen quer über den Dorfteich die Aktivitäten der Polizei verfolgt, einfach keine Ruhe lässt: „Wie kann ein 14-jähriger Junge so an Waffen und scharfe Munition kommen?"

Zeitungsausriss aus dem Nordkurier vom 19. September 2001

Jagdverband fordert sichere Unterbringung von Waffen

Familiendrama mit zwei Toten hätte vermieden werden können

Von unserem Redaktionsmitglied
Thomas Beigang

Neubrandenburg. Die tragischen Ereignisse, die in ▆▆ zwei Todesopfer gefordert haben, hätten nach Ansicht des Landesjagdverbandes Mecklenburg-Vorpommern vermieden werden können. In dem kleinen Dörfchen ▆▆ (Landkreis Demmin) hat am Dienstagnachmittag ein 14-jähriger Schüler mit Pistolen aus dem Jagdwaffen-Schrank seines Stiefvaters seine 38-jährige Mutter und die siebenjährige Schwester erschossen (Nordkurier berichtete).

Offensichtlich sind die Waffen des Hobby-Jägers nicht den Vorschriften entsprechend aufbewahrt worden. Wie Rüdiger Brandt, Geschäftsführer des Landesjagdverbandes, gestern sagte, seien Waffen so aufzubewahren, dass sich Unbefugte dazu keinen Zutritt verschaffen können. Waffen und Munition müssen, so der Experte, getrennt voneinander und

in „geschlossenen Behältnissen" gelagert werden. Möglichst sollten diese Schränke aus Stahl oder stabilem Holz sein, so Brandt.

Schulklassen verstört

Diese Regelung reicht dem Landesjagdverband aber nicht aus. Wie dessen Geschäftsführer weiter sagte, fordere der Verband in der Diskussion um eine Novellierung des Waffengesetzes die zwingende Vorschrift, dass Jagdwaffen nur noch in feststehenden Stahlschränken der Stärke B – Mindestgewicht 220 Kilogramm und Sicherheitsschloss – verwahrt werden dürfen. Wenn Polizei und Staatsanwaltschaft dem leidgeprüften Familienvater Unzuverlässigkeit in der Verwahrung der Jagdwaffen nachweisen, so Brandt, drohe dem der Entzug des Jagderlaubnisscheines, sagte Rüdiger Brandt.

Unterdessen geht in ▆▆ und den benachbarten Dörfern das Rät-

selraten um das Motiv des 14-Jährigen weiter. Weder Lehrer noch Mitschüler oder Nachbarn können sich – auch einen Tag nach der Katastrophe – die Geschehnisse erklären. Der Schulleiter der Realschule in ▆▆ an der auch der mutmaßliche Täter lernt, sagte, dass die neunte und zehnte Klasse „regelrecht zusammengebrochen" seien.

Die Neubrandenburger Staatsanwaltschaft hat für den 14-Jährigen – und damit strafmündigen Jungen – Haftbefehl beantragt. Dieser wurde einer Verurteilung drohen dem Jugendlichen bis zu zehn Jahre Freiheitsstrafe. Wie die Behörde gestern mitteilte, habe der 14-Jährige ein „Teilgeständnis" abgelegt. Nähere Angaben wollte die Staatsanwaltschaft aus „ermittlungstaktischen Gründen", wie es hieß, gestern nicht machen.

Der Junge befindet sich zur Zeit in polizeipsychologischer Betreuung.

Zeitungsausriss aus dem Nordkurier vom 20. September 2001

+ + + Zugetragen im Frühjahr 2001 + + +
Von Thomas Beigang

■ Der Pferdehändler, der nur Geschäfte machen wollte

Auch heute gibt es immer noch Leute, die auf Kreditkarten pfeifen. Oder auf sämtliches anderes Zeug, mit dem elektronisch bezahlt wird. Nur Bares ist Wahres, wer nicht mit Geldscheinen rüber rückt, kann nicht für voll genommen werden.

Pferdehändler wollen ernst genommen werden in ihren Geschäften mit den hiesigen Landwirten. So auch jener gestandene Mann aus Recklinghausen in Nordrhein-Westfalen, der hier an der Grenze zwischen Vorpommern und Mecklenburg kein Unbekannter war. Seit längerem war der hier immer wieder unterwegs, hat Pferde für den Schlachthof oder den privaten Gebrauch gekauft und verkauft. Etwa zehn Mal im Jahr zuckelte er mit seinem Truck von der Ruhr in Richtung Peene und übernachtete immer in dem gleichen Hotel. Die Bauern haben gern mit ihm Geschäfte gemacht, der 61-Jährige hat zwar hart verhandelt, wenn er einen Gaul haben wollte, aber immer anständig bezahlt und sich an sein Wort gehalten. Mit Bargeld und Handschlag wurden die Geschäfte besiegelt, versteht sich. Alles andere hätten die Landwirte auch gar nicht akzeptiert. Nicht nur aus steuerlichen Gründen. Das Misstrauen gegenüber Leuten aus dem Westen sitzt hier gut zehn Jahre nach dem Mauerfall noch immer tief.

An einem Donnerstagabend dann war alles anders. Polizisten machten eine traurige Entdeckung. Sie fanden den Mann augenscheinlich leblos im Fahrerhaus seines Trucks und konnten nur noch den Tod feststellen. Abgestellt auf einer kleinen Plattenstraße, die zwei Dörfer miteinander verbindet. Autofahrer hatten sich gemeldet, weil der Lkw mit Hänger sich nicht von der Stelle rührte.

Was zuvor geschah, ist zu dieser Zeit nur in Ansätzen bekannt: Am Dienstag startete der Pferdehändler im heimischen Recklinghausen, die Nacht zum Mittwoch verbrachte er in einem Hotel an der Peene. Noch Mittwochmorgen hat er sich bei seiner Familie gemeldet, was danach passierte, darüber tappt die Polizei im Dunklen. Schnell macht aber in der dünn besiedelten Gegend die Runde, der Mann wurde Opfer einer Bluttat. Erstochen worden soll er sein. Zwar sei noch Geld bei ihm gefunden worden, man sprach damals von ein paar Tausend D-Mark. Die Polizei ist sich sicher: Der Mann aus dem Westen wurde Opfer eines Raubes. Denn das Geld, was da noch im Lkw lag, war allen Erfahrungen nach zu wenig für die Art Geschäfte des Mannes aus dem tiefen Westen. Unklar zu diesem Zeitpunkt noch, mit welchen Bauern der jetzt Tote verabredet war und wo er hinwollte. Mit einem Foto des blauen Trucks suchte die Polizei nach Zeugen.

Mit schnellem Erfolg. Nur wenige Tage später präsentierten Kripo und Staatsanwaltschaft in Neubrandenburg einen 18-jährigen Fleischerlehrling, der als dringend tatverdächtig galt. Einziges Manko in den Augen der Ermittler damals: Der junge Mann schweigt noch und hat die Bluttat nicht gestanden. Ein leitender Oberstaatsanwalt beschreibt das Szenario der Verhöre seinerzeit mit den Worten: „Er ist sehr stabil". Trotzdem sind alle felsenfest davon überzeugt, in dem 18-Jährigen, der aus einem Dorf der Region stammt, den Richtigen erwischt zu haben. Alle Indizien würden für ihre Annahme und gegen den Einheimischen sprechen – auch wenn die Tatwaffe, ein Messer, spurlos verschwunden blieb.

Dabei blieb es bis zur Hauptverhandlung. Fünf lange Tage hat sich das Gericht Zeit gelassen, um den Vorwurf des Mordes der Staatsanwaltschaft zu prüfen. Am Ende kamen die Richter zu der gleichen Überzeugung: Der junge Mann hatte den Pferdehändler erstochen, um an das Bargeld zu gelangen. Auch ohne Tatwaffe, ohne Tatzeugen, ohne Geständnis und ohne kriminaltechnisch verwertbare Spuren. In die Misere geritten hatte den jungen Mann die eigene Schwatzhaftigkeit. Denn nur wenige Tage nach der Tat offenbarte er sich einem Kumpel. Der mochte, Freundschaft hin, Freundschaft her, sein Gewissen damit nicht belasten und ging zur Polizei. Dort packte er aus und verriet Einzelheiten des schrecklichen Geschehens, die in der Tat nur jemand wissen konnte, der daran beteiligt war – oder aus erster Quelle davon gehört haben muss. Der junge Mann trat dann während des Prozesses auch als der Hauptbelastungszeuge der Anklage auf. Die Richter am Landgericht verurteilten den 18-Jährigen zu einer zwölfjährigen Freiheitsstrafe.

Noch Wochen später haderte die Mutter des fast noch Jugendlichen mit dem Urteil. In ihrem Dorf, so wandte sich die verzweifelte Mutter damals an den Autor, glaube jedenfalls niemand daran, dass ihr Sohn jetzt plötzlich ein Mörder sein soll. Alle würden zu ihr halten, ließ sie wissen, und sprechen der Familie Mut zu. Sprach ausschließlich Mutterliebe aus der Frau, die nicht akzeptieren konnte, was nicht sein darf? Denn längst nicht jeder glaubte an die Unschuld des Sohnes, der Eindruck, den die 39-Jährige vermitteln wollte, war falsch. Kurz zuvor musste die Frau einen Zettel im Briefkasten finden, der mit „Mörderhure" überschrieben war. Und in der Schule der 13-jährigen Schwester kam es ebenfalls zu einigen unliebsamen und bösen Zwischenfällen. Auf die Idee aber, deshalb die Gegend zu verlassen, ist die Mutter nie gekommen. Schon deshalb nicht, weil es so keine weite Reise bedeutete, wenn sie den Sohn in der Haft besuchen wollte. Alle zwei Wochen, normalerweise, war dies möglich.

Ach, seufzte die 39-Jährige, ein Heiliger ist der Junge nicht. Ist der nie gewesen und hatte durchaus schon einiges auf dem Kerbholz. Sogar 14 Tage Arrest in der Jugendarrestanstalt Mecklenburg-Vorpommerns in Wismar musste er abreißen, damals lange vor dem 18. Geburtstag. Aber einen Menschen kaltblütig umbringen? Die Mutter des Verurteilten schüttelte immer wieder mit dem Kopf. Gut, er hatte Drogen genommen und auch damit gehandelt. Aus diesen Geschäften stamme ja auch, da war sich die Mutter sehr sicher, das Geld, das die Polizei bei ihrem Sohn gefunden hat.

Die 39-Jährige hat nachgedacht und ihre eigenen Schlüsse gezogen. Denn wie sie herausgefunden haben wollte, war der Pferdehändler doch nicht überall so gut gelitten. Vielleicht, so ihre Überlegung, hat doch aus Rache jemand aus der Gegend den West-Mann um die Ecke gebracht? Man solle ja über Tote nichts Schlechtes sagen, aber eine reine Weste habe der auch nicht gehabt. Der wusste genau, sagte die Mutter, die sich damals genau umgehört hatte, welcher Bauer aus der Gegend unbedingt sein Vieh verkaufen musste. Dann sei der dahergekommen und hat den Preis gedrückt. So sprachen auch einige, verteidigte sich die Mutter. Bestimmt sei daher die blutige Tat ein Mord aus Rache gewesen. Aber in die Richtung, winkte sie ab, wäre nie ermittelt worden.

Die junge Mutter des schon erwachsenen Sohnes machte sich große Sorgen – nicht nur wegen der langen Zeit, die der 18-Jährige büßen sollte. Sondern weil der sich damals schon nach wenigen Monaten in der Haft – selbst in den Augen der liebenden Mutter – nicht zum Besseren gewandelt hat. Im Gegenteil: Wegen etlicher Vorfälle warf ihn die Anstaltsleitung damals aus der Kochlehre wieder raus und selbst die Teilnahme am Sport musste ihm immer wieder verwehrt bleiben.

Die Zweifel der Mutter an der Unschuld des Sohnes erwiesen sich aber auch in den Augen der höchsten Richter der Republik als ohne Gewicht. Der Bundesgerichtshof wies wenige Monate nach dem Urteil des Landgerichts die Revision des Angeklagten dagegen als unbegründet zurück.

Mysteriöser Tod eines Pferdehändlers

61-jähriger Mann aus Recklinghausen erstochen in der Friedländer Großen Wiese aufgefunden

Von unserem Redaktionsmitglied
Thomas Beigang

Neubrandenburg. Noch tappt die Polizei völlig im Dunkeln. Weder weiß sie, ob der Tote beraubt wurde, noch wohin er an jenem verhängnisvollen Mittwoch Morgen mit seinem Lkw wollte. Der Tod eines 61-jährigen Pferdehändlers aus Recklinghausen (Nordrhein-Westfalen) steckt für die Beamten der Neubrandenburger Kripo noch voller Rätsel.

Bekannt ist wenigstens dank eines Zeugen, dass der Mann am Mittwoch früh um 8.50 Uhr noch gelebt hat. Genau um diese Zeit ist der 61-Jährige von der L 28 (Kreis Mecklenburg-Strelitz) auf die kleine Plattenstraße Richtung gebogen und hat dort geparkt. Was dann dort passierte, ist noch ein großes Geheimnis. Mittwoch und Donnerstag stand der Truck an

Wer hat diesen Truck

dieser Stelle, bis die Polizei davon informiert wurde, am Donnerstag gegen 17.30 Uhr stellten Polizisten den Tod des Mannes fest.

Wer war der Pferdehändler aus dem Ruhrgebiet? Laut Kripo-Chef

klam sei er kein Unbekannter gewesen. Wohin er aber dieser Tage wollte, weiß man noch nicht. Sicher ist laut Polizei nur, dass er Dienstagfrüh in Recklinghausen losfuhr und die Nacht zu Mittwoch in einem Anklamer Hotel schlief. Mittwoch früh meldete er sich noch einmal telefonisch bei seiner Familie – sein letztes Lebenszeichen.

Polizei sucht Zeugen

Unsicher ist auch noch, ob der Mann eine größere Summe Bargeld bei sich hatte, was sein Gewerbe eigentlich vermuten lässt. Man habe Geld bei ihm gefunden, heißt es von der Seite der Ermittler, ob dies aber die ganze Summe sei, wisse man nicht. Geklärt werde gegenwärtig in Zusammenarbeit mit den Kollegen in Nordrhein-Westfalen, ob der Mann eventuell in dunkle Geschäfte verwickelt sein könnte. Bisher allerdings, so die

gesehen?

Harald Mück hat der Mann seit längerer Zeit regelmäßig Geschäfte in Mecklenburg-Vorpommern gemacht. Pferde für den Schlachthof oder den privaten Gebrauch gekauft oder verkauft. Zwischen Friedland und An-

Polizei, spreche nichts dafür. Die Ermittler sind auf die Zusammenarbeit mit der Bevölkerung angewiesen. So wollen sie wissen, wer den auffälligen Truck – blaues Fahrerhaus und grünen Hänger – am 18. und 19. April in der besagten Straße ▮▮▮▮▮▮ gesehen hat. Und wer womöglich noch andere Personen am Lkw bemerkt hat.

Unklar ist auch noch, mit welchen Kunden in der Friedländer Wiese sich das Opfer in diesen Tagen verabredet hatte. Hinweise nimmt jede Polizeidienststelle entgegen.

Obwohl Polizei und Staatsanwaltschaft offiziell noch immer von einem Tötungsdelikt reden, spricht die Todesursache – der Mann wurde erstochen – für Mord. Wie der Mann allerdings genau starb, darüber hüllen sich alle in Schweigen. Das, heißt es, können aus ermittlungstaktischen Gründen nicht preisgegeben werden.

*Zeitungsausriss aus
dem Nordkurier vom
21./22. April 2001*

23

Pferdehändler bei ██████ erstochen

Opfer ein 61-Jähriger aus Recklinghausen

Neubrandenburg (EB/H. Sommer). Ein Mord beschäftigt die Neubrandenburger Kriminalpolizei. Auf der Landstraße ████ am Abzweig ████ machten am Donnerstag Abend nach Hinweisen von Bürgern Polizeibeamte einen grausigen Fund. Im Fahrerhaus eines am Straßenrand abgestellten Lkw entdeckten sie die Leiche eines Mannes. Bei dem Getöteten handelt es sich offenbar um den Besitzer des Fahrzeuges, einen 61-jährigen Pferdehändler aus Recklinghausen. Wie die Polizei gestern informierte, ergab die Obduktion der Leiche, dass der Mann erstochen worden war.

Ein Zeuge habe am Mittwochmorgen gesehen, wie der später Getötete das Fahrzeug am Abzweig gelenkt und es dort abgestellt hat. „Derzeit sind 42 Beamte im Einsatz und befragen Leute in den nahegelegenen Orten. Denn die Strecke, an der das Fahrzeug und die Leiche gefunden wurde, ist recht stark frequentiert", sagte Kripo-Chef, Harald Mück. Zudem handele es sich bei dem Lkw um ein sehr auffälliges Fahrzeug: „Knallblaues Fahrerhaus und grüner Anhänger", beschrieb Mück. Der Getötete sei kein Unbekannter in der Gegend, er habe dort seit vielen Jahren schon Pferde aufgekauft, hieß es.

Nach bisherigen Ermittlungen war der Pferdehändler am Dienstag von Recklinghausen gestartet und hatte die Nacht zum Mittwoch in einem Anklamer Hotel verbracht. Über die geplante Route, wo und mit wem er Geschäfte machen wollte, habe man noch nichts in Erfahrung bringen können.

Mittwoch noch telefoniert

„Wir arbeiten eng mit der Kripo in Recklinghausen zusammen", betonte Mück. So habe man bereits Kontakt mit der Familie des Opfers aufnehmen können und erfahren, dass der 61-Jährige letztmalig am Mittwoch früh mit ihr telefoniert hatte.

Nach NZ-Recherchen genoss der Getötete in seiner Heimatstadt einen guten Ruf, war Fußballvereinsvorsitzender und hinterlässt eine Frau und drei Kinder. Hiesige, die mit ihm zu tun gehabt haben, beschrieben ihn hingegen als „großspurig" und immer mit viel Geld in der Tasche. „Um Pferde aufzukaufen, musste er Bares bei sich haben. Wir haben bei ihm Geld gefunden, aber ob etwas davon fehlt, können wir noch nicht sagen", sagte Mück. Der Kripochef bat, dass sich Leute, denen das Fahrzeug aufgefallen ist unter 03 95-5 58 22 24 melden.

Zeitungsausriss aus Nordkurier/NeubrandenburgerZeitung vom 21./22. April 2001

24

Mutmaßlicher Mörder des Pferdehändlers schweigt noch

Staatsanwaltschaft verweist aber auf weitere „hochinteressante Indizien"

Von unserem Redaktionsmitglied
Thomas Beigang

Neubrandenburg. Reden ist Silber, Schweigen ist Gold. Diese Devise scheint der 19-jährige Fleischerlehrling aus einem Dorf im Landkreis Mecklenburg-Strelitz tief verinnerlicht zu haben. Trotzdem Staatsanwaltschaft und Polizei fest davon überzeugt sind, in ihm denjenigen festgesetzt zu haben, der für den Tod eines 61-jährigen Pferdehändlers verantwortlich ist, schweigt der junge Mann. „Er ist sehr stabil", so der Leitende Oberstaatsanwalt der Neubrandenburger Anklagebehörde, Rainer Moser, auf Nachfrage des Nordkurier.

Mithilfe der Bevölkerung

Mitte April wurde die Region östlich von Friedland (Kreis Mecklenburg-Strelitz) von dem Mord an dem Recklinghausener erschüttert, der in der Region kein Unbekannter war (Nordkurier berichtete). Regelmäßig kam der Geschäftsmann in diese Gegend, um Pferde aufzukaufen und wie-

der zu verkaufen. Zehnmal etwa im Jahr bereiste er eine Woche lang die Dörfer und übernachtete immer im selben Hotel in Anklam. So auch im April. Am 18. meldete er sich morgens noch telefonisch bei seiner Familie – das war sein letztes Lebenszeichen. Einen Tag später fand die Polizei den Mann blutüberströmt im Fahrerhaus seines neuen Trucks an der L 28 zwischen ███████ ████████ nachdem aufmerksame Autofahrer den Lkw zwei Tage an der Plattenstraße Richtung ████ am gleichen Fleck stehen sahen. Die gerichtsmedizinische Untersuchung ergab, dass der Mann erstochen wurde.

Nur wenige Tage später konnte die auf Mithilfe der Bevölkerung angewiesene Kripo einen Tatverdächtigen vorweisen und auch den Haftrichter überzeugten die Indizien. Seitdem sitzt der junge Mann in Haft und schweigt hartnäckig.

„Das ist sein gutes Recht", so Staatsanwalt Moser. Dennoch hätten sowohl er als auch die Polizei „ein gutes Gefühl". Allein darauf wollen sich die Strafverfolger aber nicht verlassen.

Was man an Indizien hätte, würde sehr wohl für die Täterschaft des Fleischerlehrlings sprechen. Darüber hinaus gebe es, neben Zeugenaussagen, weitere Aspekte, die dem jungen Mann angelastet würden. Darunter, so Moser wörtlich, „hochinteressante Ergebnisse", die er allerdings, mit Rücksicht auf die Ermittlungstaktik, noch nicht preisgeben wolle.

Tatwaffe fehlt

Das so wichtige Beweismittel wie die Tatwaffe sei allerdings noch nicht gefunden worden, muss Moser zugeben. Dennoch verbreitet der Mann Optimismus. „Wir glauben, auch ohne Tatwaffe und Geständnis zu einem richtigen Ergebnis zu kommen." Außerdem stünden noch die endgültigen Resultate der kriminaltechnischen Untersuchung von aufgefundenen Blut- und Faserspuren aus.

Moser lässt aber keinen Zweifel daran, dass der Mann schnell wieder auf freiem Fuß wäre, wenn die weiteren Ermittlungen ergeben, dass man sich vielleicht getäuscht habe.

Zeitungsausriss aus dem Nordkurier vom 13. Juni 2001

25

+ + + Zugetragen im Mai 2017 + + +
Von Thomas Beigang

■ Der Mann, der zum Mörder wurde

Schnaufend steigt der 48-Jährige mit seiner Last die Treppen aus der dritten Etage hinab. Leise muss er sein, das steht fest, aber sich deshalb viel Zeit zu lassen, ist nicht angeraten. Nicht auszudenken, wenn sich gerade jetzt eine der Wohnungstüren des Mehrgeschossers öffnen würde. Niemand soll ihn sehen, niemand etwas von dem erfahren, was gerade geschehen ist. Denn dann, an nichts anderes kann der Mann jetzt denken, ist alles vorbei. Und das darf er seiner Familie nicht antun. Schließlich zählen sie was im Dorf, alteingesessen und mit den allermeisten gut bekannt.

Gerade hat er wieder einen großen sechsstelligen Kredit aufgenommen, um in die Firma zu investieren. Die Zeichen stehen auf Zukunft – bis zu diesem Abend jedenfalls. Das darf er nicht aufs Spiel setzen.

Unten angekommen, hievt der Mann, der kein Mörder sein will, die 28-Jährige von seinen Schultern und legt sie neben sein Fahrrad. Kein Zweifel, sie ist tot. Im Kopf des Mannes rast alles durcheinander. Wie konnte das nur geschehen? Einen richtigen Plan jedenfalls hat er nicht. Nur eines steht fest: Die Leiche muss verschwinden. In seinem Leben hat die keinen Platz, denn es muss doch weitergehen. So wie bisher.

Manchmal enden Tage anders als sie sollen. Zum Heulen, wenn sich in der Erinnerung etwas einbrennt in die Hirne, womit tatsächlich niemand rechnen konnte. Dabei sollen manche Tage nach dem Willen der Protagonisten noch viele Jahre später als etwas ganz Besonderes in der Ortschronik vermerkt sein. Der Tag im Mai 2017 hatte das Zeug zu Außergewöhnlichem. Für viele aus dem Dorf stand fest, der Tag sollte als der Tag in die Geschichte eingehen, an dem die heimische Fußballmannschaft in die Landesliga aufstieg. Noch nie zuvor hatte es das gegeben. Für den Fall, dass die Truppe in der Nachbarstadt mindestens den einen Punkt holte, der zum Aufsteig noch benötigt wurde, gab es einen Plan. Autocorso durch den Ort, Grillen am Sportplatz, und eine Menge Leute hatten versprochen, Bier zu spendieren. Alles war bereit für das große Fest.

Die Fußballer hielten ihr Versprechen, erkämpften ein 1:1 in der Stadt und ließen sich feiern. Schon bei der Rückkehr nach Hause waren nicht mehr alle nüchtern, aber wen störte es? In der Erinnerung des Dorfes wird jener Maitag aber nicht als der Tag der Fußballer und ihres Aufstiegs eingehen. Sondern als der Tag, an dem in ihrer Gemeinde eine junge Frau zu Tode kam. Weil einer der Dorfbewohner es so wollte.

Die Nacht der Aufstiegsfeier war kaum vorbei, die Euphorie aber schon verflogen. Jubelgefühle hatten längst blankem Entsetzen Platz gemacht. Im Dorf wimmelte es jetzt von Polizisten, die Ermittler drehten jeden Stein um auf der Suche nach einer verschwundenen Frau. Schon kurz nach Mitternacht hatte die in Berlin lebende Mutter die Polizei alarmiert – nach beunruhigenden Nachrichten der Tochter. Die schrieb ihr, sie wolle sich gleich bei ihr melden. Wenn

Die Ruhe im Dorf war gewichen. Plötzlich bestimmen Polizeiwagen das Bild.

sie den Mann, der sich gerade in ihrer Wohnung aufhält, los geworden ist. Als sie sich aber doch nicht wieder meldete und Anrufe der Mutter weggedrückt wurden, hat die in ihrer Angst und immer größer werdenden Sorge die Polizei alarmiert. Man werde einen Streifenwagen vorbei schicken, versprach der Diensthabende der Polizei der Mutter im fernen Berlin. Fast zur gleichen Zeit elektrifiziert ein weiterer Anruf die Beamten. Dass beide Anrufe mit der gleichen Sache zu tun haben, ahnt da noch niemand.

Der übergewichtige Mann, der gerade die Leiche der 29 Jahre jungen Frau neben seinem Fahrrad abgelegt hat, wischt sich den Schweiß von der Stirn und sieht sich um. Menschenleer die Straße an dem späten Samstag Abend. Er hebt den Körper an und wuchtet ihn über sein Rad. Der Bewohner eines Nachbarhauses, der zufällig aus dem Fenster schaute, in der Dunkelheit aber nur wenig sehen konnte, wird später vor dem Gericht sprechen. Er nahm an, so seine Aussage, es habe sich dabei um einen Teppich oder eine Rolle Dachpappe gehandelt. Eine tote Frau, nie und nimmer sei das zu erkennen gewesen. Der Nachbar fühlt sich schuldig. So als ob er noch etwas hätte ändern können.

Der Mann, der kein Mörder sein will, schiebt das Fahrrad in Richtung seines eigenen Hofes. Unterwegs, so gibt er später zu Protokoll, rutscht ihm der hilflose Körper der jungen Frau auf die Straße. Irgendwie schafft er es aber trotzdem bis zum Anwesen, endlich. Die größte Gefahr scheint vorbei – denkt er. Die aber droht jetzt von einer unerwarteten Stelle. Denn gerade, als er die Leiche vor der Garage ins Gras rutschen ließ, tritt seine Ehefrau aus dem Haus. Mit schreckgeweiteten Augen fragt sie ihn fassungslos, was um Himmels willen er denn dort treibe? Der Mann, den sie in dem Moment nicht mehr zu kennen glaubt, schiebt sie wieder ins Haus. Dort, herrscht er sie an, habe sie zu bleiben. Er müsse noch etwas erledigen und sei bald wieder da.

Jetzt ruft sie bei der Polizei an – der Anruf, der die Ordnungshüter mehr als das Telefonat mit einer Mutter in Berlin alarmiert. An einen Zusammenhang denkt aber auch jetzt noch niemand.

Gut fünf Monate später wird vor dem Landgericht in Neubrandenburg ein Prozesstag mit dem Abspielen des Ehefrauen-Notrufes bei der Polizei eröffnet. Sie musste gerade mit ansehen, schildert sie völlig aufgelöst dem Beamten am anderen Ende der Leitung, wie ihr Mann eine Person auf die Heckfläche seines Pick up lade und jetzt angetrunken wegfahre. Die Stimme klingt verzweifelt und wird immer wieder von Weinkrämpfen unterbrochen. Die Zuschauer im Gerichtssaal blicken betreten zu Boden, als die Stimme jetzt den zügigen Einsatz der Polizei verlangt. Der Beamte am diensthabenden Telefon erkundigt sich nach dem Kennzeichen des Autos und verspricht der Frau: „Wir fangen ihn ab". Die Frauenstimme hat sich jetzt wieder ein bisschen beruhigt und will die Polizisten aber noch warnen: „Sprechen Sie aber vorsichtig mit ihm. Er ist sehr jähzornig".

Stunden später sitzt der Mann vor zwei erfahrenen Vernehmern bei der Kripo in Neubrandenburg. Längst ahnen die Ermittler, dass zwischen dem Verschwinden der jungen Frau im Dorf und der nächtlichen alkoholgeschwängerten Irrfahrt des vor ihnen Sitzenden ein Zusammenhang besteht. Sie müssen nur eins und eins zusammen zählen. In der Wohnung der jungen Frau fanden Polizisten einen Blutfleck und die zerbrochene Brille der Vermissten, hier musste etwas geschehen sein. Dazu die Augenzeugenberichte über eine offenbar hilflose Person auf der Ladefläche des Autos. Aber, obwohl viele Beamte schon stundenlang im Dorf und an den angrenzenden Weihern nach der Frau suchten, blieb die immer noch verschwunden. Niemand ahnte, dass die Leiche ganz nah am Haus des verdächtigen Mannes lag.

Denn noch schwieg der Mann bei der Polizei. In der Vernehmung, so sagen später die Kripo-Beamten vor dem Gericht aus, habe er sich zunächst noch auf alkoholbedingte Gedächtnislücken berufen. Das wollten die Polizisten aber nicht hören. „Wir haben ihm klipp und klar gesagt, dass wir das nicht glauben." Dann sei der Mann in sich zusammen gesunken. Wenig später das Geständnis. Er wisse, wo die Vermisste zu finden ist, weil er sie dort versteckt hat. „Er sagte uns, er stehe dazu, wenn er etwas gemacht hat. So sei er erzogen worden." Der Mann zeichnet im Neubrandenburger Kripo-Zimmer eine Skizze. An eine Stelle malt er ein Kreuz. Genau hier, gibt er den Beamten auf den Weg, müssen sie suchen. Die Vernehmer geben das sofort am Telefon durch und warten einige quälende Minuten. Dann der sehnlich erwartete Rückruf, die Kollegen haben die Frau gefunden. Tot und nackt lag sie in knietiefem und sumpfigem Wasser unweit des Grundstücks des jetzt dringend Tatverdächtigen.

In Windeseile spricht sich das im Dorf herum. Was war geschehen? Für die Staatsanwaltschaft war schnell alles klar.

Fünf Monate später beschuldigt die Anklagebehörde aus Neubrandenburg den Mann des Mordes. Irgendwann am Abend der Aufstiegsfeier soll der den Sportplatz verlassen haben und mit dem Fahrrad nach Hause gefahren sein. Unterwegs begegnet er der jungen Frau, die jetzt ebenfalls nach Hause wollte. Ein kurzes Gespräch, ein wenig Geplänkel, der Mann lud sich selbst zum Kaffee bei der Frau ein – und die stimmte zu. In der Wohnung dann bekam er den Kaffee, aber das reichte ihm nicht. Wie der Staatsanwalt aus der Anklageschrift vorlesen musste, umfing der Gast die Hüften der jungen Frau, berührte sie dort, wo man ohne Einladung nie anfasst und bedrängte sie. Weil die junge Frau deshalb laut zu schreien begann, soll er sie mit der rechten Hand gewürgt haben, mit der anderen verschloss er ihr den Mund. Als das wehrlose Opfer zu Boden sank, würgte er sie mit beiden Händen, bis sie tot war.

Während der ersten Prozesstage schweigt der Angeklagte. Das Gericht muss sich mit dem begnügen, was die Polizisten erzählen, die ihn verhört haben. Der Kriminalhauptkommissar, der die Vernehmungen leitete, erzählt, der Mann habe von einer Roten Karte gesprochen, die das spätere Opfer ihm gezeigt hatte. „Das", so der Mann von der Kripo, „war für ihn wohl nicht nachvollziehbar". Bei der Polizei hat der Mann, der ein Nein nicht akzeptieren kann, seine ersten Gedanken nach der Tat geschildert: „Mein ganzes Leben ist im Arsch". Damit die versuchte Vergewaltigung nicht ruchbar werde, habe er sie getötet.

So redselig der Verdächtige bei der Polizei war, so stumm zeigt er sich vor Gericht. Auf Anraten seines Anwalts schweigt er. Der dafür erhebt schwere Vorwürfe gegen die Polizei. Die Vernehmer hätten, so seine Überzeugung, den Beschuldigten nicht explizit auf seine Rechte hingewiesen – schweigen zu können, um sich nicht selbst zu belasten und sofort einen Verteidiger sprechen zu können. „Doch", sagt ein vernehmender Hauptkommissar, „das haben wir getan, aber der Mann wollte reden und verzichtete auf einen Anwalt". In Neubrandenburg existiert nicht, wie in vielen Großstädten, ein anwaltlicher Notdienst. Dort „sitzen" Rechtsanwälte in Bereitschaft, um in genau solchen Fällen Beschuldigten von der ersten Minute an zur Seite zu stehen.

Später redet der Angeklagte auch vor dem Gericht. Dessen Verhandlungstage so gut besucht sind wie selten Prozesse hier mitten in Mecklenburg. Die meisten Zuhörer sind Nachbarn des Tatverdächtigen und des Opfers aus dem Dorf. Einige nehmen sich extra frei von der Arbeit oder tauschen Tag- und Nachtschichten, um dabei sein zu können – und zu begreifen. Vielleicht ja jetzt, denn nun will er reden.

Der stämmige Mann gesteht die Tötung der jungen Frau – beruft sich aber auf große Erinnerungslücken. So weiß er nicht mehr, wer wen in jener verhängnisvollen Nacht auf dem Rückweg von der Sportfeier angesprochen hat – er das Opfer oder sie ihn. Jedenfalls kam man zum Kaffee in der Wohnung zusammen, viel Harmonie lag allerdings nicht in der Luft, lässt der Angeklagte wissen. „Sie

wollte mich schnell wieder loswerden", erklärt er und weiß dafür
aber keine Erklärung. Er aber habe doch wenigstens seinen Kaffee austrinken wollen. Und die Toilette der Gastgeberin benutzen.
„Auch das passte ihr nicht", lamentiert er vor Gericht, „ich ging
trotzdem ins Badezimmer". Als er wieder rauskam, eskalierte die
Situation: „Sie fing lauten Streit an". Aber nichts da mit sexueller
Nötigung! Die Passage aus dem Vernehmungsprotokoll der Polizei
sei ihm mehr oder weniger untergeschoben worden. Das hätten die
Polizisten eingefügt, und er habe das eben hingenommen. Weil, so
der Angeklagte, ihm so ein Motiv für die Tat geliefert wurde, für die
er keine Erklärung besitzt.

Was genau passierte, darüber hüllt sich der ehemalige Unternehmer in Schweigen. An die Tat, warum und wie lange er sie gewürgt
habe, kann er sich nicht erinnern. Auch wie lange er sich nach dem
Tod der Frau noch in der Wohnung aufgehalten habe, will er nicht
mehr wissen. Ausführlich lässt der angeklagte Mann dann aber seinen Rechtsanwalt seine Gefühlslage in den Tagen vor der Tat beschreiben. Nachts habe er kaum noch schlafen können, weil ihn die
Sorge um seine Firma und den neuen Kredit belastete. „Das ließ mir
keine Ruhe". Nach der Tat hatte er nur noch im Kopf: „Du hast sie
jetzt getötet und gehst dafür in den Bau", sagt er frei heraus. Auch
von Schuldgefühlen redet er. Schließlich habe er Eltern ein Kind genommen, zudem treibe ihn die Sorge um, was aus seiner Frau und
seinen Kindern werde. Und wie die jetzt nach dem schrecklichen
Geschehen weiterleben können. Die Tötung der jungen Frau, um die
versuchte Vergewaltigung zu verdecken, bestreitet der Mann hef-
tig. Aus gutem Grund. Denn wenn die Kammer des Landgerichts
ihn deswegen verurteilen muss, gibt es nur eine Konsequenz: die
lebenslängliche Freiheitsstrafe wegen Mordes. Bei Totschlag hin-

gegen droht dem Delinquenten nur eine Strafe zwischen fünf und 15 Jahren hinter Gittern.

Ist es das, was die Zuhörer erhofft haben, um die Tat zu verstehen? Eher nicht. Aber was andere Zeuginnen, die das Gericht geladen hat, aussagen, lässt besser darauf schließen, was ihn umgetrieben hat. Ein Gönner des hiesigen Sportvereins ist er gewesen, von vielen als freundlich und umgänglich beschrieben. Eine 25-Jährige aber, aktiv im Sportverein dabei, hat längst den Kontakt zu dem Sponsor abgebrochen. Selbst dessen Telefonnummer hat sie auf ihrem Handy gelöscht. „Er hatte so seine Art", beschreibt sie zunächst noch vorsichtig. Dann gerät es aber heftiger: Er habe ihr, sagt sie aus, Nachrichten mit eindeutigen sexuellen Anzüglichkeiten geschickt. Dass er gern mit ihr Mittagsschlaf halten würde, zum Beispiel. Diese Erfahrung mit dem sich hoffnungslos überschätzenden Angeklagten sollen auch andere Damen aus dem Dorf gemacht haben. „Denen hat er Nachrichten geschickt mit richtig extremen Inhalten, einige davon ließen mich die Frauen lesen." Das seien unangenehme Situationen gewesen.

Die Volleyball-Übungsleiterin erzählt von bis zu 30 Nachrichten des Angeklagten, die der ihr auf das Smartphone schickte. Ihrem Freund verschwieg sie die Annäherungsversuche – bis zu einer Begegnung im Abstellraum der Turnhalle nach dem Training. „Dabei habe ich mich sehr unwohl gefühlt". Obwohl es zu keiner körperlichen Berührung kam. Der Angeklagte soll ihr außerdem eine Stelle als Sekretärin angeboten und im gleichen Atemzug über Probleme in seiner Ehe schwadroniert haben.

Eine 21-jährige hochgewachsene Volleyballerin erzählt, man – oder besser: frau – sei immer bestrebt gewesen, dem Angeklagten aus dem Weg zu gehen. Einmal, als sie ihn auf den beträchtlichen Alters-

Im Gerichtssaal: Der Tatverdächtige verdeckt sein Gesicht mit einem Aktenordner, um in der Öffentlichkeit weitgehend anonym zu bleiben. Das Medieninteresse ist groß.

unterschied hingewiesen hat und dass sie doch seine Tochter sein könnte, lautete seine Antwort: „Das hätte dann ja auch etwas". Beileibe sei sie aber nicht die Einzige gewesen, der er sich anzunähern versucht habe.

Ein Mann aus dem Dorf, der als Vertrauter der getöteten jungen Frau gilt, muss sich vom Richter die Frage gefallen lassen, ob das Opfer „eine für sexuelle Abenteuer offene Person" gewesen sei. Eine unmögliche Frage. Denn was begehrte der erfahrene Jurist mit der Frage zu wissen, egal wie die Antwort ausgefallen wäre. Denn allerspätestens nach der Verschärfung des Sexualstrafrechts in jener verhängnisvollen Kölner Silvesternacht gilt der „Nein-heißt-Nein"-

Grundsatz. Egal, was vor der Tat vielleicht ausgemacht wurde und auch völlig egal, wie sich das „Vorleben" der Getöteten gestaltet hat. Der Neurologe und Psychiater, den das Gericht für das psychiatrische Gutachten bestellt hat, ist nicht zu beneiden. Nicht nur, weil von seinem Gutachten wie immer eine Menge abhängt. Zuallererst die Antwort auf die Frage, ob aus medizinischer Sicht Gründe existieren, die für eine verminderte Schuldfähigkeit des Mannes sprechen. Der Experte hat sich drei Mal mit dem Angeklagten in der Untersuchungshaft treffen können. Aber – warum und in welchen Zustand der Mann auf der Anklagebank getötet hat, darauf kann der Professor keine Antwort geben. „Er hat mit mir weder über die Zeit vor der Tat, die Tat selbst oder sein Verhalten nach der Tat geredet", gibt der Psychiater zu Protokoll. Auf Anraten seines Anwalts wohl habe der auch auf keine der Fragen dazu Antwort gegeben.

Ob der Rat des Verteidigers klug ist, darf bezweifelt werden. Denn so war der Psychiater gar nicht in der Lage, über mögliche sogenannte Impuls- oder Affekthandlungen zu urteilen, denen der Angeklagte möglicherweise unterworfen war. Auch die immer wieder von der Verteidigung beschworenen Erinnerungslücken könne er nicht beurteilen, lässt der Experte wissen. „Er hat ja nicht mit mir darüber geredet". Allerdings – gegen eine schwere affektive Erschütterung spreche unter anderem das „lang gezogene Tatnachverhalten", so der Professor. Was wir schon wissen: Der 48-Jährige hat die junge Frau nach deren Tod die Treppen herunter getragen, auf dem Fahrrad zu seinem Anwesen transportiert, die Leiche dort auf seinen Pick up geladen, sie weggefahren und am Fundort noch entkleidet. Deshalb, schlussfolgert der Psychiater, könne auch der Grad der Alkoholisierung nicht bewusstseinstrübend gewesen sein. Das Gutachten ist nicht nach dem Geschmack der Verteidigung. Ob es nicht doch Erinnerungslücken geben könnte? Der Experte glaubt nicht daran. Vielleicht bei starker Erregung für eine kurze Zeit, dies allerdings würde er als Verdrängung bezeichnen. In der Regel kommen Erinnerungen dann wieder, die sind nicht weg.

Nichts vergessen können ehemalige Freunde. Einer sagt, wie ungeheuer schwierig es für sie ist, mit der Sache zu leben. Ein Ehepaar, selbst in der Schicksalsnacht an der Seite der verzweifelten Ehefrau, zeigt sich bestürzt. Sie mussten mit ansehen, wie Polizisten dem Freund Handschellen anlegten.

Nach sieben langen Verhandlungstagen steht das Urteil fest: Das Gericht spricht den 48-jährigen Angeklagten des Mordes und der versuchten sexuellen Nötigung schuldig und verhängte das dafür einzig mögliche Urteil, eine lebenslängliche Freiheitsstrafe für den Ex-Unternehmer aus dem Dorf. Die Schwurgerichtskammer zeigt sich überzeugt davon, dass der Angeklagte sein Opfer erwürgte, um zu verhindern, dass seine vorhergehende sexuelle Attacke ruchbar wurde. Wer tötet, um eine andere Straftat zu verdecken, macht sich des Mordes schuldig. „Die Frau hat ihr Leben ohne Not verloren", sagt der Richter und spricht den Angeklagten direkt an: „Aus einem lapidaren, nichtigen Anlass heraus haben Sie den Entschluss gefasst, Ihr Opfer zu töten". Die Frau wäre ihm im Moment des Todes ausgeliefert gewesen. Das Gericht erinnert an die Aussage der Gutachterin aus Greifswald, die für die rechtsmedizinische Untersuchung der Leiche verantwortlich war. Die Medizinerin sprach von einem drei- bis vierminütigen Todeskampf des Opfers.

Der Richter versetzte die Zuhörer in dem erneut voll besetzten Saal des Landgerichts in die Rolle der jungen Frau, für die aus einem unverbindlichen Kaffeeplausch plötzlich eine Gefahrensituation entstand: „Als der Angeklagte ihr völlig unvermittelt in die Hose griff, hat sie damit überhaupt nicht rechnen können. Dann begann sie zu schreien und das Schicksal in Person des Angeklagten nahm seinen Lauf".

Sind jetzt die Antworten für die Nachbarn und Dorfbewohner, die regelmäßig dem Prozess beiwohnten, klarer geworden? Viele Zuhörer stehen nach dem Urteilsspruch vor dem Justizzentrum in Neubrandenburg und reden leise miteinander. Ein Mann, ebenfalls immer dabei, sagt, er wisse jetzt wenigstens Bescheid, was genau in jener Nacht geschehen ist. Viel zu viel sei seitdem an Gerüchten durch das Dorf gewabert. Eine Dame, schon im gesetzten Alter, hat es sehr eilig, nach Hause zu kommen. Sie wisse schon, sagt sie, dass ihre gute Stube gleich gut besucht werde. Die Daheimgebliebenen aus ihrer Nachbarschaft würden alles gleich aus erster Hand erfahren wollen. Die da noch in der Runde stehen, sind sich einig: Ein gerechtes Urteil ist gesprochen worden.

Eine ganz junge Frau, die keinen Gerichtstag ausließ, huscht auf der anderen Treppe aus dem Gericht. Die älteste Tochter des Angeklagten war das, erzählen die Nachbarn. Und haben schon wieder etwas zu rätseln: Warum hat die sich das angetan und alles anhören wollen, was da über ihren Vater gesagt wurde? Besonders die eine Szene haben alle noch vor Augen, als die Mutter des Opfers vor dem Gericht aussagte. Die bat nämlich um ganz besondere Bedingungen für ihre Anhörung. Der Angeklagte, so der Wunsch und die Forderung der gebrochenen Frau, möge sich mit dem Gesicht zur Wand setzen, damit sie ihm nicht in die Augen blicken muss. Selbstverständlich folgte das Gericht der Bitte.

Die Verteidigung hat Revision angekündigt (siehe S. 42).

Was geschah im Mai in ███████████████?

Von Thomas Beigang

Auch am dritten Tag des Prozesses um den gewaltsamen Tod einer Frau aus einem Dorf bei Neubrandenburg schweigt der Angeklagte. Dafür zeichnen Zeuginnen ein Bild von ihm, das alles andere als angenehm ist.

NEUBRANDENBURG. Ein Blutfleck und eine Brille, der ein Glas fehlte. Das war es, was dem Mann von der Kripo im Wohnzimmer der 29-Jährigen aus ████████ zuallererst auffiel. Der Beamte war einer der Ersten, die in der verhängnisvollen Nacht vom 6. zum 7. Mai die Wohnung der jungen Frau betrat, die da zum Zeitpunkt noch als vermisst galt. Kurz zuvor hatte der Kriminalist einen 48 Jahre alten Dorfbewohner vorläufig festgenommen, als der mit seinem Auto, von Streifenwagen verfolgt, wieder in ██████████ eintraf. „Mit meinem Fahrzeug habe ich ihm den Weg versperrt", sagt der Beamte am Montag im Neubrandenburger Landgericht am dritten Verhandlungstag gegen den Angeklagten, der des Mordes an der 29-Jährigen angeklagt ist (Nordkurier berichtete). In der Tatnacht soll der 48-Jährige der jungen Frau im Dorf begegnet sein. Ein kurzes Gespräch, ein wenig Geplänkel, der Mann lud sich selbst zu einem Kaffee bei der Frau ein – und die stimmte zu. In der Wohnung dann hat er laut Anklage die Frau erwürgt, weil sie bei seinen Annäherungsversuchen zu schreien begann und er verhindern wollte, dass die versuchte sexuelle Nötigung ruchbar wurde. Wenige Stunden nach seiner vorläufigen Festnahme soll der Mann den Ermittlern in Neubrandenburg die Tat gestanden und den genauen Ort beschrieben haben, an dem er die nackte Leiche versteckte.

Das Gericht unter Vorsitz des Richters ████████ versucht immer noch, sich ein genaues Bild von dem des Mordes angeklagten Unternehmers aus ██████████ zu machen. Besonders gute Beziehungen soll er zu den Frauen der Volleyballmannschaft gepflegt und sie recht großzügig mit Trikots, Bällen und anderen Sachen unterstützt haben. Ob allerdings immer aus Liebe zum Sport – die Motivation muss nach den Aussagen der beiden Zeuginnen fragwürdig erscheinen.

Die junge Übungsleiterin der Damen am Netz erzählt von bis zu 30 Nachrichten des Angeklagten, die er ihr auf das Smartphone schickte. „Da waren Komplimente dabei, wie toll ich doch wäre und so. Schon außergewöhnlich."

Angeklagter schweigt auch am dritten Prozesstag

Ihrem damaligen Freund verschwieg sie die Annäherungsversuche lange, bis zu einer Begegnung in einem Abstellraum der Turnhalle nach dem Training. „Dabei habe ich mich sehr unwohl gefühlt." Obwohl es da zu keiner körperlichen Berührung kam. „Aber danach musste ich darüber mit meinem Freund sprechen." Der hat aber abgewunken – der sei eben so, hieß es.

Eine 21-jährige Volleyballspielerin sagt, man sei versucht gewesen, dem Angeklagten aus dem Weg zu gehen: „Seine Komplimente klangen immer wie Anmachen". Einmal, als sie ihn auf den Altersunterschied ansprach und dass sie seine Tochter sein könne, antwortete er: „Das hätte dann ja auch etwas". Sie sei aber nicht die Einzige gewesen, der er sich anzunähern versucht haben soll: „Das war bei anderen auch so".

Als eine der Ersten nach seinem Geständnis bei der Kripo in Neubrandenburg bekam Rechtsmedizinerin Britta Bockholdt den Mann zu Gesicht, als sie ihn untersuchen musste. Wenig später fiel ihr die Aufgabe zu, die Leiche des 29-jährigen Opfers jener Nacht zu obduzieren. Der Angeklagte hatte Kratzspuren im Gesicht und am Hals sowie am rechten Schienbein eine Abschürfung – möglicherweise von einem Fußtritt. Die Verletzungen stammen von der Erklärung des Angeklagten während seiner Festnahme, wohl von einem Sturz mit dem Fahrrad.

Vor Gericht schweigt der Angeklagte auch am dritten Verhandlungstag. In der Vernehmung kurz nach der Tat hatte er noch ausführlich bei der Kripo ausgesagt. Seine Begründung: Er sei eben so erzogen worden, dass man zu dem stehe, was man angestellt hat. Die Verhandlung wird am Mittwoch fortgesetzt.

Kontakt zum Autor
t.beigang@nordkurier.de

Zeitungsausriss aus dem Nordkurier vom 7. November 2017

Verbrechen stellt Dorfleben auf eine harte Probe

Von Christina Weinreich

In der Nacht zum Sonntag soll ein ▓▓▓▓ Unternehmer eine Frau getötet haben. Am Montag hat die Staatsanwaltschaft Haftbefehl gegen den 48-jährigen mutmaßlichen Täter erlassen. Wie gehen ▓▓▓▓ mit diesem furchtbaren Ereignis um?

▓▓▓▓▓ Sprach- und Fassungslosigkeit herrschen auch am Montag im gesamten Dorf. Auch zwei Tage später vermag immer noch niemand zu begreifen, was dort in der Nacht vom Sonnabend zum Sonntag geschehen ist: In jener Nacht ist eine junge Frau in dem sonst friedlichen Dorf ermordet worden. Die 29-Jährige ▓▓▓▓, die vor einigen Jahren von Berlin nach ▓▓▓ ▓▓▓▓▓ gezogen war, ist das Opfer. Ihren Leichnam soll der mutmaßliche Täter ▓▓ ▓▓▓, gegen den am Montag Haftbefehl wegen Mordes erlassen wurde, unweit seines Hauses im sumpfigen Gelände versteckt haben. Erst Stunden nachdem er die Frau erwürgt hatte, räumte er die Tat ein und führte die Polizei zum Fundort des Leiche.

Am Montag sind Kriminalpolizisten im Dorf unterwegs, klopfen an mehreren Haustüren, um sich ein genaueres Bild vom Tatverdächtigen zu machen.

Welche Rolle spielte der Alkohol in der Tatnacht?

Als am Sonntag durchsickert, um wen es sich bei dem Beschuldigten handeln soll, will es zunächst niemand glauben, setzt blankes Entsetzen ein und keiner weiß, wie er mit dieser Nachricht umgehen soll. „Ich kenne ▓▓▓▓▓ schon so lange. Er gehörte zu den rührigen Leuten im Dorf. Wenn man Hilfe brauchte, bekam man die immer von ihm. Er hat

An dieser Stelle wurde die Leiche der jungen Frau am Sonntagmorgen von der Polizei gefunden.   FOTO: FELIX GADEWOLZ

den Weihnachtsmann gespielt, war beim Festumzug dabei, im Sportverein ist er auch als Ordner aktiv. Er ist einfach nur ein sympathischer Mensch. Ich weiß nicht, wie ich jetzt plötzlich einen hassen soll, den ich gestern noch für einen verlässlichen Menschen hielt", sagt ein alteingesessener ▓▓▓▓▓, der seinen Namen nicht öffentlich nennen will, und wirkt verzweifelt.

Aber da sei die tote Frau, die beweist, dass offenbar niemand im Dorf ▓▓▓▓ so richtig kennt. Keiner wisse, ob er betrunken war. So eine Tat könne doch niemand im nüchternen Zustand vollbringen, nein, da sind sich die ▓▓▓▓ sicher.

▓▓▓▓, so berichten Dorfbewohner, sei bei der Feier des ▓▓▓▓ Sportvereins am Sonnabendabend dabei gewesen. ▓▓▓▓

▓▓▓▓ Fußballer sind in die Landesliga aufgestiegen und das wurde ordentlich begossen. ▓▓▓▓ habe auch getrunken, sagen später er dabei ins Glas geschaut haben soll, darüber gehen die Meinungen auseinander. In der Pressemitteilung der Staatsanwaltschaft taucht das Wort Alkohol nicht auf. ▓▓▓ ▓▓▓▓, Chef des Sportvereins, vermag sich zur Tat kaum zu äußern. „Das ist in jeder Beziehung eine Katastrophe. Mir fehlen die Worte."

In der Verkaufsstelle im Dorf gibt es am Montag nur ein Thema: Wie ist so etwas möglich, dass ein Mitbürger jemanden umbringt? Niemand traut dem mutmaßlichen Täter dieses Verbrechen zu. „Es bleibt beim Versuch der Erklärung", sagt ▓▓▓ ▓▓▓▓, der den Laden im rund 800 Bewohner zählen-

den Ort betreibt. Es werde nun viel erzählt und gemutmaßt. „Schlimm ist es für die Angehörigen, sowohl des Täters als auch des Opfers. Die müssen jetzt damit fertig werden." Alle müssten sich jetzt anständig gegenüber den Familien verhalten, appelliert ein Kunde im Laden.

Mutmaßlicher Täter hatte große Pläne geschmiedet

Auch ▓▓▓▓▓▓ Bürgermeister ▓▓▓▓▓▓ – er besuchte am Wochenende dienstlich die Landwirtschaftsmesse in Leipzig – zeigt zunächst Hilflosigkeit. „Wie geht man damit um? Das wird eine harte Probe für die Dorfgemeinschaft. Ich wünsche mir sehr, dass sie erhalten bleibt und nicht daran zerbricht."

Wenn die Familie des mutmaßlichen Täters es wünsche, werde sie jegliche Hilfe von der Gemeinde bekommen. Er habe noch keine detaillierten Kenntnisse von den schrecklichen Ereignissen der Sonntagnacht und wolle sich deshalb auch nicht in Spekulationen ergehen. „Halbwissen ist immer gefährlich. Es sollte auch nicht von der Zeitung verbreitet werden."

Im Dorf, so die Ärztin ▓▓ ▓▓▓▓▓ seien alle fix und fertig, das habe sie während der Sprechstunde schon gespürt. Kann sie eine solch abscheuliche Tat erklären? „Ein Professor hat mal während einer Vorlesung zu uns gesagt, dass in der Liebe alles möglich ist."

▓▓▓▓ hatte große Pläne für sich und die Familie. Er wollte im Dorf ein kleines Unternehmen ansiedeln. Das Grundstück dafür hat er gekauft, die Ruinen darauf platt gemacht und schon zum Teil abgefahren. Er selbst hat sie zunichtegemacht.

Kontakt zur Autorin
c.weinreich@nordkurier.de

Zeitungsausriss vom Nordkurier/Neubrandenburg-Nord vom 9. Mai 2017

Die Frauen versuchten immer, ihm aus dem Weg zu gehen

Zeitungsausriss aus dem Nordkurier/Neubrandenburger Zeitung vom 7. November 2017

Urteil zum ▆▆▆▆▆▆▆▆▆
Mord noch nicht rechtskräftig

NEUBRANDENBURG. Der Bundesgerichtshof hat noch nicht über die Revision des Urteils im ▆▆▆▆ ▆▆▆▆▆ Mordprozess entschieden. Das sagte am Montag auf Nordkurier-Nachfrage der Verteidiger des Angeklagten aus ▆ ▆▆▆▆▆▆▆▆ der Dortmunder Rechtsanwalt Dieter Axmann.

Das Landgericht Neubrandenburg hatte den Mann im November 2017 wegen Mordes an einer jungen Frau aus dem Dorf zu einer lebenslangen Haftstrafe verurteilt. Die Schwurgerichtskammer sah es als erwiesen an, dass der Angeklagte im Mai des vergangenen Jahres die Frau getötet hat, um eine versuchte sexuelle Nötigung zu verdecken. Der Angeklagte gestand zwar die Tötung, konnte sich an Einzelheiten der Tat aber nicht mehr erinnern. Der Rechtsanwalt hatte in seinem Plädoyers um eine zeitlich begrenzte Freiheitsstrafe gebeten. **thb**

Zeitungsausriss vom Nordkurier vom 9. April 2018

42

+ + + *Tatzeitpunkt über mehrere Jahre bis Juni 2006* + + +
Von Thomas Beigang

■ Das Mädchen, das den bösen Tee nicht mehr trinken wollte

Emotionen haben in Strafverfahren nichts zu suchen. Völlig richtig. Und dennoch: Der Vorsitzende Richter zeigte sich sichtlich bewegt. Mit zu Beginn zitternder Stimme sagte der erfahrene Jurist, dass nun ein Verfahren beendet ist, das sich für alle Beteiligten als äußerst belastend dargestellt hat. Nicht nur für die Angeklagten und deren Verteidiger, sondern auch für die Richter, die mehr als üblich betroffen waren. Ständig seien sie von Bildern verfolgt gewesen. Bilder, sagt der Richter, die nicht nur aus den Akten stammen, sondern die im Kopf entstehen. Und das seien die schlimmsten.

Die Frauen, samt und sonders Mütter, die sich aus ihrem Heimatort auf die Reise nach Rostock gemacht hatten, waren erregt oder bedrückt – je nach Temperament. Sie wollten der Frau auf der Anklagebank ins Gesicht sehen. Sensationsgier war ihr Motiv nicht. Alle kannten die 27-Jährige aus der Mecklenburgischen Schweiz. Eine junge Frau war die Jugendfreundin, eine andere die Nachbarin. Mitleid empfanden sie nicht mit ihrer Bekannten: „Nur Wut und absolutes Unverständnis".

Der Prozess, der im Januar 2007 vor dem Landgericht in Rostock sein vorläufiges Ende fand, erregte die Emotionen so sehr, wie kaum eine andere Verhandlung in der Hansestadt bis dahin. Denn angeklagt wegen Kindesmisshandlung waren diejenigen, denen ein kleines Kind am meisten vertrauen muss: die eigenen Eltern. Die aus einer Kleinstadt in Mecklenburg stammende Frau hatte ihrem Kind Dinge angetan, die selbst erfahrenen Ermittlern die Haare zu Berge stehen ließen. Und auch der Gutachter, der über die Schuldfähigkeit der jungen Frau befinden sollte, zeigte sich ratlos.

Für neun Jahre musste die 27-jährige Mutter ins Gefängnis. Buße dafür tun, dass sie ihrer im November 2001 geborenen Tochter jahrelang ätzende Essigsäure und Kalkreiniger eingeflößt hat. 24 Mal insgesamt, stellt das Rostocker Landgericht in seiner Urteilsbegründung fest, mit ständig steigender Dosierung. Und mit immer mehr Gewalt. Als das Kind größer wurde und den „bösen Tee" nicht mehr freiwillig trinken wollte, fixierte die Mutter ihre Tochter auf dem Bett oder auf dem Fußboden, kniete auf ihr und flößte ihr das krankmachende „Getränk" ein. Die Folgen: irreparable Schäden an der Luftröhre, Magengeschwüre, Atemnot und Bronchitis. Als die Mutter im Juni 2006 verhaftet wurde, sagt der Richter, habe der Durchmesser der Speiseröhre des kleinen Mädchens nur noch vier Millimeter betragen. Normal in ihrem Alter wären 16 Millimeter gewesen. Das Kind war nicht mehr in der Lage, feste Nahrung aufzunehmen. Alle 14 Tage musste das Kind nach seiner Befreiung nach Greifswald in die Klinik. Dort wurde dem Mädchen unter Narkose ganz vorsichtig die Speiseröhre geweitet.

Das zum Zeitpunkt des Prozesses fünfjährige Mädchen lebte im Januar 2007 längst in einer Pflegefamilie. Sie sei, so hieß es, jetzt ein fröhliches Mädchen. Keine Rede davon, dass sie „nervt" oder

„anstrengend" sei. Aber Lea-Marie ist schwer traumatisiert, hat ihre Kinderpsychologin diagnostiziert. Kein Wunder.

Fast 30-mal musste das kleine Mädchen in seinem kurzen Leben damals ins Krankenhaus. Der Richter hat ausgerechnet, dass Lea-Marie schon 271 Tage und 271 lange Nächte in Klinikbetten zubrachte, weil ihre Mutter sie das giftige Zeug trinken ließ. Fast dreißig Mal! Ist das niemandem aufgefallen? Für das Gericht war die Betroffenheit auch deshalb so groß, heißt es, weil der schreckliche Leidensweg des kleinen Mädchens hätte abgekürzt werden können, wenn die Beteiligten gehandelt hätten. Damit meint der Richter nicht die Mutter oder den teilnahmslosen Vater – wohl aber Mediziner. Die nennt er nicht beim Namen. Aber jeder weiß: Kinderarzt, Notarzt oder Klinikarzt hätten die Verletzungen des Kindes oder deren häufige Krankenhausaufenthalte auffallen müssen. Es sei jedoch nicht die Aufgabe der Kammer, diesen Versäumnissen nachzugehen, heißt es. Wie schlimm aber, dass erst im Juni 2006, als Lea-Marie mit lebensbedrohlichen Verletzungen in die Uni-Klinik Greifswald eingeliefert wurde, der Polizei Verdächtiges mitgeteilt wurde.

Die zentrale Frage im Prozess ist nicht die nach Schuld oder Unschuld. Gleich nach ihrer Verhaftung hat Maren K.*) ihre Taten gestanden und die Aussagen auch vor Gericht bestätigt. Dass sie ihre Tochter misshandelt hat, daran gab es nie Zweifel. Die Frage, die es zu lösen galt, auf die es aber keine vernünftige Antwort gab, ist die nach dem Warum. Warum quält eine Mutter ihre Tochter in einem so grässlichen Maße, dass es die Grenze des „normal" Fassbaren längst übersteigt? Noch bevor die Frau ihr Kind mit Säure traktierte, hat sie es im Alter von 15 Monaten in die Badewanne gesetzt, Wasser gekocht und dem Kind die siedende Flüssigkeit über die Oberschenkel gegossen. Die rein medizinische Diagnose in diesem Fall:

Verbrennungen zweiten und dritten Grades, großflächige Vernarbungen an Oberschenkeln und Po. Für die Messung des Schmerzes dagegen gibt es keine Gradzahl und erst recht nicht für das Maß an emotionalem Entsetzen. Ausgerechnet die Person, der ein Kleinkind am meisten vertraut – die eigene Mutter – tut nicht gut, sondern weh. Und kassierte für den „Unfall" 864 Euro von der Versicherung. Warum tut jemand so etwas? Die psychiatrische Untersuchung von Maren K.*) hat wenig Aufhellendes gebracht. Zwar sei sie, die Absolventin der Hauptschule, die nach drei Jahren Ausbildung die Prüfung ihrer Hauswirtschaftslehre nicht bestand, nur unterdurchschnittlich intelligent. Sie leide aber an keiner seelischen Erkrankung. Sie wisse, was Unrecht ist, und sie wusste genau, was sie tat. Aber ein „vernünftiges" Motiv hat auch der Psychiater nicht zu nennen gewusst. Er konstatierte bei der Angeklagten nur das völlige Fehlen von Empathie, dem Mitgefühl. Und das ist keine Krankheit. So bleibt dem Gericht, auch weil sie zu ihren Beweggründen nichts zu sagen weiß, nur Platz für Vermutungen: Wohl habe sich die Mutter mit den Klinikaufenthalten ihres Kindes mehr Zeit für sich selbst erzwungen. Zeit, die sie sonst nicht hatte, weil die Tochter nach Aussage der Eltern doch „anstrengend" gewesen sei und „ständig beschäftigt" werden wollte. Einmal „musste" die Kleine nach dem Willen der Mutter sogar über Weihnachten in die Klinik.

Die Rolle des Vaters blieb unterbelichtet. Er stritt die ihm gemachten Vorwürfe allesamt ab. Von den Misshandlungen durch seine Frau will er nichts gewusst haben – zu den Tatzeiten sei er immer auf Arbeit gewesen. Er habe es nicht glauben wollen, was die Kindesmutter getan habe, bis er in der Anklageschrift las, dass sie schon alles zugegeben hat. Nie hätte er es übers Herz gebracht, die Kleine zu schlagen oder ihr einen Wunsch abzuschlagen, behauptete er.

Vielmehr habe er glauben müssen, wenn die Ärzte ihm sagten, die Kleine leide an einer Immunschwäche und müsse deshalb so oft ins Krankenhaus. Aber auch er wird bestraft, weil er die Tochter einmal so mit dem Teppichklopfer schlug, dass sie Hämatome davontrug. Von den Untaten seiner Frau, oder besser Ex-Frau, denn beide lebten nicht nur räumlich getrennt, sondern hatten damals auch jeden Gedanken an eine gemeinsame Zukunft aufgegeben, hat er nach Auffassung des Gerichts nichts gewusst. Die Verbrechen geschahen stets, wenn der Schlachtergehilfe bei der Arbeit war. Aber hat er sich nie gewundert? Bei Ärzten hartnäckig nachgefragt? Fehlanzeige. Sehr gut möglich, dass der Vater vielleicht weniger Geduld an den Tag gelegt hätte, wenn sein Auto in kurzer Zeit 30 Mal in die Werkstatt gemusst hätte – jedenfalls zwingt sich dieser Gedanke dem Betrachter auf.

*) Name von der Redaktion geändert

Ein dramatischer Einzelfall?

Berichte über Vernachlässigungen, Misshandlungen oder gar Tötungen von Kindern häufen sich. Mehren sich dramatische Einzelfälle?

Fragen, die nicht erst seit der Leidensgeschichte des kleinen Mädchens aus Mecklenburg-Vorpommern akut waren und die bis heute so gar nichts von ihrer Aktualität verloren haben. Der Kriminologe Christian Pfeiffer aus Niedersachsen besitzt eine Erklärung für diese Entwicklung. Die Anzeigenbereitschaft habe sich erhöht, sagt der Hannoveraner. Deswegen würden Statistiken nur wenig darüber aussagen, ob Misshandlungen und Körperverletzungen bei Kindern zunehmen würden. Denn die Statistik erfasse nur die angezeigten

Fälle. Das Problem bleibt die Dunkelziffer. Experten schätzen, dass die nicht angezeigten Fälle von Kindesmisshandlungen bis zu zehn Mal höher sein können. Wie es heißt, leben rund ein Prozent der Kinder in „Hochrisiko-Familien".

Nicht lange nach dem Prozess gegen die Eltern des kleinen Mädchens starteten an der Fachhochschule für Öffentliches Recht in Güstrow, wo auch die künftigen Landespolizisten Mecklenburg-Vorpommerns ausgebildet werden, eine Reihe ganz besonderer Vorlesungen. Mit drastischen Folgen: Ohnmachtsanfälle unter künftigen Polizisten, uniformierte Kollegen, die auf dem Flur einem Weinkrampf nahe sind – das waren die Auswirkungen des Vorlesungsbeginns der beiden Berliner Beamten Gina Graichen und Michael Havemann an der Fachhochschule. Graichen leitete im Landeskriminalamt der Bundeshauptstadt das Dezernat für „Gewaltdelikte an Schutzbefohlenen und Kindern". Beide lehrten als Gastdozenten in der Barlach-Stadt Seminare zum Thema Misshandlungen. Und begannen mit der „Schocktherapie": Ein verwackelter Film, aufgenommen mit einer versteckten Kamera, zeigte, wie ein junger Vater einen kleinen Säugling erbarmungslos verprügelt und quält. Die Mutter des Kindes, misstrauisch geworden, hatte die Kamera heimlich in der Nähe des Babybettes installiert. Ihre Ahnung trog nicht: Immer dann, wenn sie abwesend war, spielten sich im Kinderzimmer die schrecklichen Szenen ab. „Wir wissen, wie schwer erträglich diese Szenen sind", sagte Graichen. „Aber wir wollen den künftigen Kollegen auch klar machen, was alles möglich ist." Verniedlichen würde niemandem helfen.

Selbst der damalige Leiter des Fachbereichs Polizei an der Güstrower Schule, Polizeidirektor Rainer Becker, ist unter denen, die den Vorlesungssaal verlassen müssen. Dabei hat der die ganze Geschichte angeschoben. „Polizeibeamte müssen", sagt Becker im Brustton der Überzeugung, „mehr dafür sensibilisiert werden, misshandelte Kinder noch schneller zu erkennen und ihnen noch schneller zu helfen."

Becker beklagte damals, dass bei der Hilfe von vernachlässigten und misshandelten Kindern die Polizei noch viel zu häufig ausgeklammert werde. Das dürfe nicht nur eine Aufgabe der Jugendämter sein. Hier müsse schnellstens umgedacht werden, so Becker. „In Fällen sogenannter häuslicher Gewalt wird stets von einer erheblichen Gefahr für das Opfer, in aller Regel eine erwachsene Frau, ausgegangen, so dass der Täter sofort der Wohnung verwiesen wird. Besteht die Gewalt aber in der Misshandlung eines Kindes und kann der Täter nicht aus der Wohnung gewiesen werden, scheint oft und nicht nachvollziehbar eine gegenwärtige erhebliche Gefahr nicht mehr zu bestehen, sodass Maßnahmen des Jugendamtes abgewartet werden", sagt der Fachmann und schlussfolgert: „Das darf nicht sein."

Polizisten müssten häufig viel eher, um des Kindeswohls wegen, eingreifen und das betroffene Kind zu dessen Schutz in Gewahrsam nehmen, fordert Becker. „Keine falsche Zurückhaltung."

Den beiden „Praktikern" Havemann und Graichen sind solche Forderungen aus dem Herzen gesprochen. Aus ihrer Praxiserfahrung lehren sie die Polizeischüler, beim „ersten Angriff" stets den Kindern zu glauben und nicht den Eltern. Die Kriminalisten erläuterten die gängigsten Ausreden der Eltern und erklären, woran man misshandelte Kinder erkennen kann. Und worauf Beamte beim Betreten einer Wohnung achten sollen: Wie sehen die Zimmer aus? Wie die Kinderbetten? ...

Die juristische Aufarbeitung des Falles Lea-Marie war mit der Verurteilung ihrer Eltern seinerzeit noch nicht beendet. Knapp zwei Jahre später wurde am Amtsgericht in Güstrow die Verhandlung gegen eine ehemalige Mitarbeiterin des seinerzeit zuständigen Jugendamtes eröffnet. Die Staatsanwaltschaft warf der 56-jährigen Dame vom Amt fahrlässige Körperverletzung durch Unterlassen vor. Im Mai 2003, immerhin schon drei Jahre vor der Festnahme der Mutter, soll sie den besorgten Anruf einer Kinderärztin aus dem Krankenhaus entgegengenommen haben. Die Medizinerin hätte den schlechten Pflegezustand und „Unklarheiten" bei stationären Aufenthalten der kleinen Lea-Marie beklagt und das Jugendamt um Nachforschungen gebeten. Die Angeklagte, die seinerzeit für den Wohnort des Mädchens nicht verantwortlich war, will eine Notiz angefertigt und diese auf den Schreibtisch ihrer zuständigen Kollegin gelegt haben. Weil diese Notiz dort aber niemand fand, verschwanden das Ansinnen der Ärztin und somit das kleine Mädchen aus dem Fokus des Jugendamtes. Über drei Jahre und fast 30 Krankenhausaufenthalte länger dauerte es nun, bis das Martyrium Lea-Maries beendet wurde. Als Vertreterin des Jugendamtes besuchte die spätere Angeklagte Lea-Marie im Krankenhaus und organisierte die Übernahme in eine Pflegefamilie. Die Frau vom Jugendamt bereute vor Gericht ihr Versagen aus dem Jahr 2003 tief. Das musste man ihr glauben. Aber gleichzeitig offenbarte sie erschreckende Unkenntnis. Weder wusste sie konkret auf die Fragen der Staatsanwältin zu dem Procedere bei dem Verdacht der Kindeswohlgefährdung zu antworten, noch konnte sie sagen, wie sie eine solche bei Hausbesuchen zu erkennen vermag. Die Staatsanwältin, die schon gut zwei Jahre zuvor die Anklage im Prozess gegen Lea-Maries Eltern vertrat, erregte sich. „Mir platzt hier gleich der Kragen", und selbst die zur Objektivität verdammte Richterin musste der Angeklagten zugestehen: „Sie vermitteln den Eindruck, als ob Sie nicht viel Ahnung haben."

Drei Verhandlungstage später musste das Amtsgericht der früheren Jugendamtsmitarbeiterin eine Mitschuld am jahrelangen Leidensweg der kleinen Lea-Marie geben und eine Verwarnung aussprechen. Die Richterin sprach sie der fahrlässigen Körperverletzung durch Unterlassen schuldig und verhängte eine zur Bewährung ausgesetzte Geldstrafe. Zudem soll die Frau 2000 Euro an das Kind zahlen.

Die Richterin meinte, dass bei frühzeitigem Eingreifen der Behörde dem Kind der jahrelange Leidensweg hätte erspart werden können. Doch werde die Schuld der inzwischen in ein anderes Amt versetzten Mitarbeiterin durch erhebliche Versäumnisse auf Seiten der Ärzte gemildert. Diese hätten auch zu spät einen Rechtsmediziner eingeschaltet, der schließlich 2006, nach rund 30 Klinikaufenthalten des Kindes, Strafanzeige stellte und so die Ermittler auf die Spur der Mutter brachte.

Große Betroffenheit über langen Weg der Tränen

„Schläge waren für das Kind Normalität"

PROZESS Nachdem die Mutter ihr jahrelang Kalkreiniger eingeflößt hatte, ist die Fünfjährige aus ▮▮▮ traumatisiert. Die Frau widerspricht sich vor Gericht.

VON KATRIN SCHÜLER, DDP

ROSTOCK. Die Mutter der jahrelang mit Haushaltschemikalien vergifteten Lea-Marie aus ▮▮▮ hat sich gestern vor dem Rostocker Landgericht in Widersprüche verwickelt. Neben den etwa zwei Dutzend Vorfällen, bei denen die 27-jährige dem Kleinkind Essigessenz und Kalkreiniger eingeflößt haben soll, wurden bei dem Kind auch Wunden heftiger und wiederholter Schläge diagnostiziert. Eine blutende Kopfverletzung schob die Mutter zunächst dem 30-jährigen Vater zu. Später sagte sie aus, das Kind sei gestolpert und an die Heizung gefallen.

Die Tatbeteiligung des Vaters an den Misshandlungen der heute Fünfjährigen konnten auch am zweiten Prozesstag nicht geklärt werden. Der Mann bestreitet, von den Vergiftungen seiner Tochter gewusst oder das Mädchen selbst geschlagen zu haben. Dagegen sagte eine Psychologin, das Kind habe von Schlägen beider Elternteile berichtet. Erziehungsmethoden wie Hauen und Anschreien seien gang und gäbe gewesen, „das war für das Kind Normalität", sagte die Gutachterin.

Lea-Marie, die inzwischen bei einer Pflegefamilie wohnt, gilt als schwer traumatisiert. Das Mädchen habe im Sommer im Krankenhaus vermutlich zum ersten Mal in seinem Leben überhaupt von Misshandlungen berichtet, sagte die Psychologin. Erstmals habe sie für sich registriert, dass die Handlungen der Eltern sehr schlimm für sie waren und mit großen Schmerzen verbunden waren. Jetzt brauche das Mädchen selbst Schutz, es werde darüber in der nächsten Zeit nicht mehr reden, sagte die Gutachterin. Schon beim zweiten oder dritten Treffen mit der Psychologin und mit Polizeibeamten habe sich das Kind verweigert. Eine Aussage vor Gericht wäre ein hoffnungsloses Unterfangen.

„Methoden wie Hauen und Schreien waren gang und gäbe."

Im ▮▮▮ Kinderkrankenhaus, beim 27. stationären Aufenthalt von Lea-Marie, habe ein Mädchen im Sommer detailliert berichtet, wie sie von der Mutter auf den Boden gedrückt und ihr „böser", mit Haushaltsgiften versetzter Tee eingeflößt wurde. Die körperliche Gewalt ihrer Mutter habe das Kind am Teddy auf dem Krankenhausbett demonstriert. Auf Geruchsproben von Essig und Kalköser habe das Mädchen entsetzt reagiert und geweint.

Vor Gericht wurden auch Nachbarn sowie die Schwester des Angeklagten befragt. Obwohl es enge Beziehungen zu den Familien beider Elternteile gab, blieben die Misshandlungen unbemerkt. Eine Nachbarin gab lediglich zu Protokoll, dass sie oft Weinen und Streit gehört habe.

Im Prozess müssen sich die Eltern wegen schwerer Körperverletzung und Misshandlung sowie Versicherungsbetrugs verantworten.

Zeitungsausrisse aus dem Nordkurier vom 13./14. Januar 2007 (Schlagzeile links) sowie vom 13. Dezember 2006 (rechts)

+ + + Zugetragen im November 2006 + + +
Von Thomas Beigang

■ Der Rentner, der nur Karten spielen wollte

Der ältere Herr, der sich artig in die die hinterste Reihe des großen Saales im Neubrandenburger Landgericht setzt, versäumt keinen einzigen Prozesstag. Der Mann, stets so adrett gekleidet, als würde ihn der Richter gleich selbst vorladen, hat zuvor nie ein Gericht von innen gesehen. Erst jetzt, als Pensionär und im gesetzten Alter, erlebt er seine Premiere bei der Justiz. Der Neubrandenburger will Begegnungen mit Angeklagten aber nicht zur Gewohnheit werden lassen, wie das viele Altersgefährten tun, die sich aus Langeweile und Neugierde in Gerichtssälen oft die Zeit vertreiben.

Nur jetzt und für sämtliche Prozesstage in diesem ganz speziellen Fall muss er dabei sein. Denn der Mann kennt sie beide: das Opfer und den Hauptangeklagten. Er könne gar nicht beschreiben, sagt er, wie erschüttert er seinerzeit gewesen sei, als er erfuhr, was sich da zugetragen hat. Nie, schüttelt er mit dem Kopf, niemals habe er dergleichen für möglich gehalten. Jemand, den er gut kannte, soll ein Mörder sein. Und jemand, den er noch besser kannte, tot. Mit beiden hat er unzählige Male zusammen gesessen und Skat gespielt. Sehr lebendig.

Es gibt manchmal Untaten, da möchte man – trotz des gebotenen Respekts vor dem Opfer – fast in Lachen ausbrechen. In grimmiges, versteht sich. Der Prozess um den Mord an einem Rentner aus einem kleinen Dörfchen bei Neubrandenburg, der mitten im heißen Sommer 2007 vor dem Landgericht Neubrandenburg begann, gehört zu jenen Verhandlungen, während der die Zuhörer nicht aufhören wollen, mit dem Kopf zu schütteln. Über die maßlose Brutalität, mit der die Tat begangen sein soll, die völlig naive „Vorbereitung" und das absolut blödsinnige Unterfangen, hinterher die Beute zu kassieren.

Zwei Männer, beide damals 47 Jahre alt, und eine 42-jährige Frau waren angeklagt, im November 2006 den Rentner aus Habgier getötet zu haben. Einer der Männer, ein Ex-Neubrandenburger, hat das Opfer gut gekannt. Von früheren gemeinsamen Skatrunden. Einmal im Monat trafen sich Schrebergärtner und deren Bekannte zu einem Turnier. Unter denen auch der Angeklagte, ein stämmiger Mann. Eigentlich gehörte nur sein Vater zu der Skat-Stammrunde, aber der brachte oft seinen Sohn mit. Fatalerweise. Hier mag der Angeklagte auch davon gehört haben, dass der Rentner einiges Geld auf der hohen Kante haben soll.

Laut Anklage sind alle drei an einem trüben Herbsttag mit dem Auto des Ex-Neubrandenburgers aus Berlin in dessen alte Heimat gefahren. Tags darauf soll der Mann seinen alten „Skatbruder" aus dem Dorf abgeholt haben. Er bot dem Rentner an, ihn nach Neubrandenburg zum Arzt zu fahren. Unterwegs stiegen die beiden anderen in das Auto ein. Schon während der Fahrt, so die Auffassung der Staatsanwaltschaft, sei es zu Handgreiflichkeiten gekommen – man wollte Geld von dem arglosen Opfer. Der hinten sitzende Berliner soll sogar ein Messer gezückt haben.

Das Trio fuhr mit dem Mann in ein Waldstück südlich der Viertorestadt, und der Ex-Neubrandenburger habe ihn – laut Anklage – mit einem Messer getötet. Anschließend fuhren die drei wieder zum Haus des Opfers und ließen hier Schecks mitgehen. Beide Männer schweigen während der Auftaktverhandlung. Ihre mutmaßliche Komplizin sagt aus. Im Kern jedoch nur, dass sie sich mit den Männern auf die Reise gemacht hat, um neue Kontakte für ihren Kosmetikvertrieb zu knüpfen. Von der Tat habe sie nichts mitbekommen, weil, als die Streitigkeiten begannen, sie ohnmächtig wurde und erst wieder erwachte, als man sich bereits wieder auf der Rückfahrt befand. Während ihrer ersten Vernehmung war davon noch keine Rede.

Jetzt kommt es ganz dick: Ein Bekannter aus Berlin sollte die Schecks mit der Unterschrift des Opfers fälschen und sich das Geld überweisen lassen. Ein Versuch, sich so 8000 Euro in Neubrandenburg zu sichern, schlägt fehl. Und in Berlin, jetzt schreibt man kühn 32 000 Euro auf einen anderen Scheck, sei der Mann so betrunken gewesen, dass er in der Bank einschlief und geweckt werden musste. Auch hier Fehlanzeige. Zwei Wochen nach der Tat – die Schecks wiesen die Spur – wurden die Angeklagten in Berlin festgenommen. Die ehemalige Freundin des Ex-Neubrandenburgers erklärte als Zeugin, dass der ihr die Tat gestanden habe.

Der Gutachter, der in dem Prozess jene Kosmetikvertreterin beurteilen sollte, hat keine Mühe gescheut. Sogar eine Ärztin aus Berlin, von der die Angeklagte noch wenige Tage vor der Tat behandelt wurde, hat der Mann kontaktiert. Und obwohl die Medizinerin seither viele Hundert Patienten in ihrer Praxis behandelt hat, konnte sie sich noch genau an die 42-Jährige erinnern. Trotz der heftigen Schmerzen, an der die Frau wegen einer zuvor erlittenen Körperverletzung litt, habe sie auf die Ärztin „wie ein Roboter gewirkt", hieß es vor dem Landgericht in Neubrandenburg. Das deckt sich mit den Erkenntnissen des Gutachters: Die „von Anfang an sozial entwurzelte" 42-Jährige, die als Kind bei ihrer – ebenfalls psychotischen – Großmutter und im Jugendwerkhof aufwuchs, sei offensichtlich nicht in der Lage, Gefühle zu empfinden. „Selbst wenn sie davon spricht, dass man ihr nach und nach ihre fünf Kinder weggenommen hat, bleibt sie davon unberührt." Ob die Frau an einer manifesten Psychose leide, mag der Gutachter aber nicht eindeutig beantworten. So dramatisch sei es wohl nicht, dass sie völlig den Realitätssinn verloren habe. Doch gibt der Fachmann dem Gericht schon zu verstehen, dass eine verminderte Steuerungsfähigkeit nicht auszuschließen sei.

Von den beiden männlichen Angeklagten saß zu dem Zeitpunkt nur der Berliner neben ihr. Sein „Kollege", der Ex-Neubrandenburger, der beschuldigt wird, den Rentner mit Messerstichen getötet zu haben, fehlt aus Krankheitsgründen. Bei dem Berliner wurde indes, trotz jahrzehntelanger „Junkie-Karriere", die Schuldfähigkeit nicht in Frage gestellt.

Dramatische Unterbrechung dann kurz nach Beginn des Plädoyers der Staatsanwältin: Der angeklagten Frau wird schlecht. Ein eilends herbeigerufener Arzt kümmert sich um sie. Das Gericht beschließt, wegen Krankheit das Verfahren auch gegen sie abzutrennen. Bleibt vorerst nur der Mann aus Berlin auf der Anklagebank sitzen. Die Anklage lässt gegen ihn den Mordvorwurf fallen und verlangt – wegen Raubes mit Todesfolge – eine Freiheitsstrafe von 13 Jahren. Das ist ein weitgereister Mann, den das Schicksal, Habgier und Dummheit in die Provinz nach Mecklenburg führte. Wären da nicht die dunkle Sonnenbrille, die der Angeklagte wegen eines Augenleidens während der Verhandlung ständig trägt, und die ins Gesicht hängenden langen Haare des 47-Jährigen, man hätte womöglich eine Gefühlsregung erkennen können, als der Vorsitzende Richter das Urteil spricht. Denn das ist hart, viel härter als vom Angeklagten selbst und seinem Rechtsbeistand wohl angenommen: Elf Jahre soll er, der Braunschweiger, den das Schicksal über Hamburg und Marokko nach Berlin verschlug, hinter Gitter. Wegen Raubes mit Todesfolge, wie die zuständige Kammer des Landgerichtes in Neubrandenburg feststellte.

Schon in dieser Urteilsbegründung ließ das Gericht erkennen, dass es in dem früheren Neubrandenburger den eigentlichen Verantwortlichen für den Tod des älteren Herrn sieht. Aber, so der Vorsitzende Richter, der gerade Verurteilte habe sich „leichtfertig im Hinblick auf den Tod des Opfers" verhalten. Als er seinen „Kumpel" allein mit dem wehrlosen, weil vollständig gefesselten Mann zurückließ, habe er zwangsläufig ahnen müssen, was dem Opfer bevorstand. Denn er hatte seinem Komplizen das Messer überlassen, mit dem der Rentner zuvor im Auto schon verletzt wurde, er sah, dass der Hauptangeklagte den Mann noch tiefer in den Wald zerrte, und er wusste auch, dass der Dorfbewohner und friedliche Skatspieler noch nicht alle Informationen über sein Geld preisgegeben hatte, so das Gericht: „Wir haben keine Zweifel, dass er erkennen musste, dass dem Opfer der Tod bevorstand". Deswegen habe man seine Tat auch als Raub mit Todesfolge bewerten müssen.

Die Verteidigung des Mannes ist da völlig anderer Ansicht. Sofort nach der Verhandlung kündigte der Rechtsanwalt Revision gegen das Urteil an. Raub ja, aber kein Urteil wegen Raubes mit

Todesfolge, so der Anwalt. Man könne doch jetzt nicht seinen Mandanten für den Exzess des einstigen Neubrandenburgers verantwortlich machen. Niemals wäre eine solche Tat vorhersehbar gewesen.

Monate später wurde die Revision als unbegründet zurückgewiesen. Der Hauptangeklagte, der ehemalige Neubrandenburger und Hauptinitiator der irrwitzigen und grausamen Geschichte, beweist nach seiner Gesundschreibung vor Gericht einen Sinn für Realismus. Als er an seinem finalen Verhandlungstag und vor dem Urteilsspruch des Gerichts die Gelegenheit zum obligatorischen letzten Wort erhält, bittet er nicht nur den Bruder des Opfers, dessen einzigen Verwandten, um Entschuldigung. Der in der Untersuchungshaft fülliger gewordene Angeklagte wendet sich an den Richter und reklamiert im gleichen Atemzug Mitleid für sich selbst. Schließlich könne er kaum noch schlafen und sei mit seinen Nerven am Ende.

Der Richter nimmt darauf keine Rücksicht. Wie erwartet, verurteilt die Schwurgerichtskammer den Mann zu einer lebenslänglichen Freiheitsstrafe. Und setzt sogar noch einen drauf: Die besondere Schwere der Schuld wird anerkannt. „Das bedeutet", erklärt der Vorsitzende Richter dem Angeklagten, „dass vieles dafür spricht, dass Sie den Vollzug nicht mehr lebend verlassen". Er habe, so das Gericht, die zahlreichen Widersprüche in seinen Aussagen nie aufklären können. Die besondere Schwere, die härteste Schuldzuweisung, hätte das Gericht erkannt, so der Vorsitzende, weil sich der Tatverlauf besonders intensiv darstellt. So wäre das Opfer qualvoll gefesselt gewesen, und man hätte, noch vor den tödlichen Messerstichen, versucht, den 66-Jährigen zu strangulieren.

Für den Verteidiger des Angeklagten war die Angelegenheit alles andere als einfach. Soll er in die gleiche Kerbe hauen wie sein Mandant, der sich während der langen Verhandlungstage unentwegt als Opfer darstellt, gegen den ermordeten Rentner nie etwas Böses im Schilde geführt haben will und unmittelbar vor der Tat selbst „Todesangst" ausstand? Oder wählt er die Flucht nach vorn? Weil die Aussagen seines Mandanten so widersprüchlich sind – die Staatsanwältin nennt sie nicht Lügen, aber „pauschale Schutzbehauptungen" – dass die auch ohne bösen Willen nur wenig glaubhaft erscheinen? Der Anwalt wählt die zweite Variante. Ja, so sagte er in seinem Plädoyer, sein Mandant habe zweifellos seinen Beitrag geleistet, der schließlich zum Tod des Rentners führte. Und er müsse wohl auch wegen schweren Raubes mit Todesfolge zur Verantwortung gezogen werden. Es gebe jedoch keine Beweise dafür, dass der den Mann getötet habe und nicht doch der Mitangeklagte. Deshalb bat er um eine begrenzte Freiheitsstrafe – vergebens, wie wir wissen.

Der adrett gekleidete Rentner, der in den vergangenen Wochen keine Minute des Mordprozesses versäumt hat, scheint zufrieden nach dem Urteil. Seinen alten Freund und Gartenkumpel, der mit 66 Jahren sterben musste, weil es das mörderische Trio so wollte, vermisst er aber immer noch. Und Skatspielen, das gibt er finster zu, bereitet längst nicht mehr das Vergnügen wie früher. Ob das noch mal richtig Spaß macht?

Ein Gericht wollte der ältere Neubrandenburger nie wieder von innen sehen.

Noch immer keine Spur von vermisstem Neveriner

NEVERIN (OE). Immer noch vermisst wird der 66-jährige Rentner ████████████ aus Neverin. Er wurde am 16. November letztmalig gesehen. Bisherige Ermittlungen und Suchmaßnahmen führten zu keinem Erfolg. Es besteht die Möglichkeit, dass ████████████ öffentliche Verkehrsmittel nach Neubrandenburg oder in andere Orte benutzt hat.

Er ist rund 1,70 Meter groß, vollschlank, hat graumelierte kurze Haare, eine Halbglatze und leichten Bartwuchs (Drei-Tage-Bart). ████████████ hat braune Augen, eine spitze Nase und schmale Lippen. Bekleidet sein könnte er mit schwarzer Lederjacke, brauner Cordhose, schwarzen Halbschuhen und einem dunklen Stoffhut.

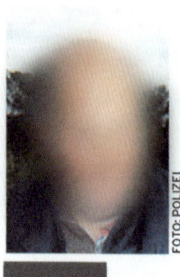

FOTO: POLIZEI

Hinweise zum Aufenthalt von ████████████ nimmt die Polizeidirektion Neubrandenburg unter Tel.: 0395 5582224 oder jede andere Polizeidienststelle entgegen.

Zeitungsausriss vom Nordkurier vom 29. November 2006

Kriminalisten überführen Raubmörder

AUFGEKLÄRT Die Suche nach einem vermissten Rentner aus Neverin ist vorüber: Der Mann fiel der Habgier von drei Verbrechern aus Berlin zum Opfer.

VON MARLIS GUTH

NEUBRANDENBURG. Schneller als Radio, Fernsehen oder Zeitung es vermelden konnten, waren die Neveriner gestern Nachmittag im Bilde: Der 66-jährige ▮▮▮▮ aus dem Ort bei Neubrandenburg, der seit dem 16. November vermisst wurde, ist tot. Er war habgierigen Raubmördern zum Opfer gefallen, wie Staatsanwaltschaft und Mordkommission gestern Nachmittag bekannt gaben. Die Ermittler hatten die Leiche am vergangenen Donnerstag im Waldstück zwischen Tannenkrug und Neverin gefunden. Kurz zuvor waren die drei Tatverdächtigen – zwei 47-jährige Männer und eine Frau – in ihren Wohnungen im Berliner Stadtteil Wedding festgenommen worden. Sie sollen den unbescholtenen Neveriner an der Bushaltestelle des Dorfes in eine Falle gelockt, entführt, misshandelt und erstochen haben.

Während die Frau und einer der Männer sich nicht oder nicht näher zur Sache äußerten, machte ihr Komplize, ein früherer Neubrandenburger, erste Aussagen, so die Polizei. Er kannte demnach den Neveriner von Skatturnieren. Der Rentner hatte sehr still und zurückgezo-

> ### Nachbarin verständigt den Bruder.

gen im Neubaublock des Dorfes gelebt – alleinstehend, ohne Familie, Auto und Telefon. Viel mehr, als dass er angelte und gelegentlich Karten spielte, war nicht bekannt im Ort. Der frühere Melker galt als ausgesprochen sparsam und hatte darum einiges beiseite gelegt. Das brachte ihm die Aufmerksamkeit der erwerbs- und mittellosen Kriminellen ein.

Einer aufmerksamen Nachbarin im Neveriner Neubau war Mitte November aufgefallen, dass von dem Rentner plötzlich nichts mehr zu sehen war. Sie verständigte den Bruder, der ebenfalls auf dem Lande wohnt und prompt nach dem Rechten sah. Am 22. November gab er auf dem Friedländer Polizeirevier die Vermisstenanzeige auf, ans zuständige Kriminalkommissariat Neustrelitz ging.

Als wenig später ein Scheck zum bereits gesperrten Konto des Vermissten auftauchte – ausgestellt in Berlin, schaltete sich die Mordkommission der Polizeidirektion Neubrandenburg ein. In „guter Zusammenarbeit mit den Berliner Kollegen" wurde das verdächtige Trio eingekreist – und ein weiterer Beteiligter, ein trunksüchtiger Mann ebenfalls aus Berlin. Über das Konto dieses Strohmanns sollten offenbar die beabsichtigten Geldtransaktionen abgewickelt werden. Wie die Kriminalisten herausfanden, war jener „dritte Mann" Mitte November in einer Neubrandenburger Bankfiliale aufgetaucht. Da er verwahrlost und stark alkoholisiert wirkte und nur einen Scheck mit zweifelhafter Unterschrift vorlegen konnte, wurde er abgewiesen.

Zeiungsausriss vom
Nordkurier vom
12. Dezember 2006

61

Quälende Suche nach der richtigen Antwort

Mitschuldiger zu langer Haftstrafe verurteilt

Links: Schlagzeilen vom Nordkurier und rechts: Zeitungsausriss vom 31. Mai 2007

Bodenlose Dummheit vor und nach blutiger Tat

RAUBMORD Zwei Männer und eine Frau sollen einen Rentner getötet haben – aus Habgier, sagt die Staatsanwältin.

VON THOMAS BEIGANG

NEUBRANDENBURG. Es gibt manchmal Untaten, da möchte man – trotz des gebotenen Respekts vor dem Opfer – fast in Lachen ausbrechen. In grimmiges, versteht sich.

Der Prozess um den Mord an einem Rentner aus Neverin (Landkreis Mecklenburg-Strelitz), der gestern vor dem Landgericht Neubrandenburg begann, gehört zu jenen Verhandlungen, während der die Zuhörer nicht aufhören wollen, mit dem Kopf zu schütteln. Über die maßlose Brutalität, mit der die Tat begangen sein soll, die völlig naive „Vorbereitung" und das absolut blödsinnige Unterfangen, hinterher die Beute zu kassieren.

Zwei Männer, beide 47 Jahre alt, und eine 42-jährige Frau sind angeklagt, im November 2006 einen Rentner aus Habgier getötet zu haben. Einer der Männer, ein Ex-Neubrandenburger, hat das Opfer gut gekannt. Von früheren gemeinsamen Skatrunden. Einmal im Monat trafen sich Schrebergärtner und deren Bekannte zu einem Turnier. Hier mag der Angeklagte auch davon gehört haben, dass der Neveriner Rentner einiges Geld auf der hohen Kante haben soll.

Laut Anklage sind alle drei am 17. November mit dem Auto des Ex-Neubrandenburgers aus Berlin in dessen alte Heimat gefahren. Tags darauf soll der Mann seinen alten „Skatbruder" aus dem Dorf abgeholt haben – angeblich, um ihn nach Neubrandenburg zum Arzt zu fahren. Unterwegs stiegen die beiden anderen in das Auto ein. Schon während der Fahrt, so die Staatsanwältin, sei es zu Handgreiflichkeiten gekommen – man wollte Geld von dem arglosen Opfer. Der hinten sitzende Berliner soll sogar ein Messer gezückt haben. Das Trio fuhr mit dem Neveriner in ein Waldstück südlich der Viertorestadt und der Ex-Neubrandenburger habe ihn – laut Anklage – mit einem Messer getötet. Anschließend fuhren die drei wieder zum Haus des Opfers und ließen hier Schecks mitgehen.

Beide Männer schweigen während der Auftaktverhandlung. Ihre mutmaßliche Komplizin sagt aus. Im Kern jedoch nur, dass sie sich mit den Männern auf die Reise gemacht hat, um neue Kontakte für ihren Kosmetikvertrieb zu knüpfen. Von der Tat habe sie nichts mitbekommen, weil, als die Streitigkeiten begannen, sie ohnmächtig wurde und erst wieder erwachte, als man sich bereits wieder auf der Rückfahrt befand. Während ihrer ersten Vernehmung war davon noch keine Rede. Jetzt kommt es ganz dick: Ein Bekannter aus Berlin sollte die Schecks mit der Unterschrift des Opfers fälschen und sich das Geld überweisen lassen. Ein Versuch, sich so 8000 Euro in Neubrandenburg zu sichern, schlägt fehl. Und in Berlin, jetzt schreibt man kühn 32 000 Euro auf einen anderen Scheck, sei der Mann so betrunken gewesen, dass er auf einer Bank in der Nähe einschlief und geweckt werden musste. Auch hier Fehlanzeige. Zwei Wochen nach der Tat – die Schecks wiesen die Spur – wurden die Angeklagten in Berlin festgenommen. Die ehemalige Freundin des Ex-Neubrandenburgers erklärte als Zeugin, dass der ihr die Tat gestanden habe.

Am Montag geht die Verhandlung weiter.

> „Bei der Einlösung des Schecks war der Mann völlig betrunken."

Die Angeklagten und zwei ihrer Verteidiger. Der Mann in der Mitte ist ein Ex-Neubrandenburger, der das Opfer von Skatturnieren kannte. FOTO: BROSIN

KAPITEL VI

TOD EINES AUTOHÄNDLERS

+ + + Zugetragen im Dezember 1999 + + +
Von Thomas Beigang

■ Der Mann, der kein eigenes Konto wollte

Ausgerechnet einem Mann, der wegen Vergewaltigung für eine lange Zeit hinter Gittern sitzt, verdankt die Polizei die Aufklärung eines Mordfalles. Nur die allerkühnsten Optimisten in der Reihe der Neubrandenburger Kripo haben geglaubt, des Mörders eines Autohändlers doch noch habhaft zu werden. Viel zu viel Zeit war schon verstrichen, selbst die 5000 Mark Belohnung – von der Staatsanwaltschaft in den ersten Tagen des neuen Jahrtausends ausgesetzt – brachte niemanden dazu, die Zunge zu lockern. Und auch ein anderer Autohändler aus der Mecklenburgischen Schweiz, mit dem Opfer bestens bekannt, blieb auf seinen immerhin 10 000 Mark Belohnung sitzen. Der lobte die Prämie aber nicht nur aus Rache aus, sondern verfolgte höchst eigene Ziele bei der Ergreifung der Schuldigen. Kein Autohändler aus der Region, barmte der Mann, könne sich doch noch sicher sein, solange die Mörder nicht hinter Gitter sitzen.

Mit Autos hat er gehandelt, der 36-Jährige, der zum Opfer wurde. Mehr so auf eigene Rechnung, ohne bürokratische Hürden wie Gewerbeschein und Steuernummer. Gleich nach der Wende ließ der seine kleine mecklenburgische Kleinstadt hinter sich. Glitzern sollte es von nun an, was bot sich besser an als Düsseldorf, die Landeshauptstadt tief im Westen mit ihren mondänen Vierteln und Geschäften. Tief hat den Auswanderer beeindruckt, was er sehen und schmecken durfte. Von nun an stand fest: Nie wieder ein Leben wie früher – mit all seinen Beschränkungen und Vorhersehbarkeiten.

Dass der Neu-Düsseldorfer dann später doch regelmäßig in die alte Heimat aufbrach und sich in „seinem" Städtchen sogar wieder eine Wohnung kaufte, war Bestandteil des Plans. Niemand wusste doch besser als er, was seine Landsleute brauchten und wonach es sie verlangte. Denn auch hier mitten im Herzen Mecklenburgs mussten beileibe nicht alle jeden Pfennig vor dem Ausgeben drei Mal umdrehen. Hier gab es Leute, Männer meist, die selbstständig waren, mit richtig Geld.

Das waren die, denen ihr ehemaliger Nachbar helfen konnte, Denn der konnte ihnen Autos besorgen. Zum günstigen Preis – aber keine Hehlerware. Der Mann, der nur 36 Jahre alt wurde, kaufte luxuriösere Wagen im tiefen Westen auf – meist von privat – fuhr mit denen 600 Kilometer weiter nach Osten – und brachte die bestellten Autos hier an den Mann. Mit Aufschlag, versteht sich. Geschadet hat das niemandem.

Höchstens ihm selbst – denn der Reisende zwischen den Welten wurde immer misstrauischer. Längst besaß er kein eigenes Konto mehr, unumgängliche Rechnungen wie die für Strom oder Heizung, bezahlte er bar. Sein Geld versteckte er in seinen beiden Wohnungen – und einen großen Teil trug er in dicken Bündeln immer bei sich. Freunde berichteten später, er soll kaum noch jemanden in seine vier Wände gelassen haben. Wer bei ihm klingelte, ohne dass er von der Ankunft wusste, blieb meistens draußen stehen. Andererseits –

der Mann ohne eigenes Konto war auch als Angeber bekannt. In einer großen Diskothek, die nach der Wende ein geschäftstüchtiger Mann in einem klitzekleinen Kaff aufgemacht hatte, soll der Autohändler gern bei seinen Besuchen die dicke Brieftasche, aus der die großen Scheine sichtbar waren, an der Garderobe abgegeben haben. Nie aber soll später in den frühen Morgenstunden auch nur eine Mark gefehlt haben.

Der mit den dicken Scheinen verschwand von einem Tag auf den anderen, spurlos wie es schien. Zehn Tage vor Weihachten 1999 meldete ihn seine Lebensgefährtin als vermisst, am 13. Dezember habe sie mit ihm in der alten Heimat noch gesprochen, dann sei er telefonisch nicht mehr erreichbar gewesen. Und das wäre für ihn, der als einer der ersten ein Handy besaß, nun völlig untypisch. Sie mache sich ernsthaft Sorgen, und die Polizei möge doch bitte ermitteln.

Für die war das noch kein besonders eiliger Fall – noch nicht. Erst einige Tage später verwandelte sich die Vermisstensache in eine Mordermittlung: Als die Einwohner eines kleinen Dorfes nordwestlich der Müritz dicke Rauchschwaden über einem benachbarten Wäldchen aufsteigen sahen. Die alarmierte Feuerwehr musste sich sputen und löschte in der abgelegenen Gegend ein brennendes Auto. Nachdem der Schaum abgetropft war, die Polizei sich das Gefährt ansah und mit dessen Identitätsnummern den Computer fütterte, war die Überraschung groß. Denn jener grüne Wagen der gehobenen Klasse und Ausstattung war auf den Namen des gerade frisch Vermissten zugelassen.

Die Polizisten ahnten schon Böses. Wie recht sie hatten – dabei hätten sie sich gern geirrt – wurde einen Tag vor Silvester klar. Herum stromernde Jungs fanden, einige Kilometer vom ausgebrannten Auto entfernt, die Leiche eines Mannes in dem Fluss Peene. Unter einer Brücke lag der Autohändler mit einem kleinen Loch im Kopf und einem ans Bein geketteten Betonpfahl. Pech nur, dass die Leiche hier gar nicht untergehen konnte, weil das Wasser viel zu flach war. Dass der Mord aus Habgier geschehen war, dies zu wissen, brauchte es keines besonders großen kriminalistischen Spürsinns. Das Opfer trug kein Geld bei sich, was zu Lebzeiten unmöglich war, und die Wohnung war verwüstet. 30 000 Mark, so erfuhren alle später, sind allein aus der Wohnung verschwunden.

Dass fast alle davon wussten, wieviel Geld der Mann immer bei sich trug, war der Polizei keine große Hilfe. Niemand war so verdächtig, besonders im Visier zu stehen. Vielleicht doch, vermuteten die Ermittler, kamen die Täter von außerhalb, vielleicht sogar aus Düsseldorf. Aber alle Ermittlungen verliefen im Sande.

In einem Gespräch mit der Mutter des Opfers wenige Wochen später hatte die bereits aufgegeben, alle Gerüchte, die sich in der Kleinstadt um den gewaltsamen Tod ihres Sohnes Uwe ranken, zu registrieren. Wöchentlich kämen neue hinzu, sagt sie. Und das würde wohl so bleiben, bis die Wahrheit ans Tageslicht käme.

Nichts wünschte sie sich so sehr, als dass die Polizei endlich den oder die Mörder ihres Sohnes findet. Einige Möbel aus der Wohnung des Getöteten standen damals in ihrem Häuschen. „Ich denke immer, ich bewahre die Sachen hier nur auf, und er kommt irgendwann und holt sie sich wieder ab. Es ist zu schwer, sich mit dem Tod eines Sohnes abzufinden", gestand sie ein.

Der Fall erregte damals mittlerweile auch bundesweit Interesse. Die Neubrandenburger Staatsanwaltschaft als auch die verantwortlichen Ermittler von der Kripo der Viertorestadt erhielten Besuch von der SAT-1-Sendung „Fahndungsakte". Wenige Wochen danach lief die Geschichte fernsehgerecht über den Kanal. Nicht grundlos verbanden die Beamten mit der Ausstrahlung gewisse Hoffnungen, der Aufklärung ein Stück näher zu kommen. Immerhin soll, laut Auskunft der Macher, bei rund zehn Prozent der Fälle, die in der Fernsehreihe nachgestellt werden, der Erfolg anschließend nicht lange auf sich warten lassen.

Wer kann ein Interesse am Tod des Sohnes gehabt haben, der stets viel Bargeld in seiner Wohnung aufbewahrte, wie seine Mutter wusste? Ihr Sohn sei immer sehr vorsichtig gewesen, erzählt sie, jemand Fremden oder einen, der sich nicht angemeldet hätte, habe er nicht in seine Wohnung gelassen. Nach dem Verschwinden ihres Sohnes habe aber das Licht gebrannt und der Fernseher lief auch noch. Waren es also Bekannte aus der Region, die ihn das letzte Mal sahen? Oder kann es auch jemand aus Düsseldorf gewesen sein? Die Vorstellung, dass möglicherweise gemeinsame Bekannte schuld am Tod ihres Sohnes seien, machte der Mutter damals schwer zu schaffen. Vielleicht gar einer, dachte sie, der ihr bei der Beisetzung am 21. Januar, zwei Tage nachdem ihr Sohn 37 Jahre alt geworden wäre, die Hand geschüttelt hat. Ein furchtbarer Gedanke. Sie wollte sich das nicht ausreden lassen: Wer ihren Sohn umgebracht hat, der muss sich auch gut in dessen Wohnung ausgekannt haben. Denn nie, so behauptete die Mutter, habe Uwe sein gesamtes Bargeld mitgenommen. Und gefunden habe sie in der Wohnung nichts mehr. Ihr Sohn hat vielleicht Vorahnungen gehabt. Acht Tage vor seinem Verschwinden habe er während eines Telefonats mit einer Bekannten noch geweint – wusste die Mutter zu erzählen.

Fast ein Jahr später allerdings meldete sich der Vergewaltiger aus seiner Zelle, er müsse ganz dringend mit einem Staatsanwalt sprechen. Sein Zellennachbar, so erzählte er aufgeregt, habe ihm gerade sein Herz ausgeschüttet und erzählt, an der Tötung des Autohändlers beteiligt gewesen zu sein. Außer ihm noch zwei andere. Eine krasse Wendung in dem Fall, aber ganz nach dem Geschmack der Polizei.

Die drei waren für die Ermittler der Neubrandenburger Kripo beileibe keine Unbekannten. Erst wenige Monate zuvor hatte die Polizei dafür gesorgt, dass alle drei für einige Jahre hinter Gittern landen sollten – wegen Autoschiebereien. Gemeinsam mit polnischen Kriminellen hatte das Trio einen Plan ausgeheckt, der längere Zeit gut funktionierte. Auf Bestellung der Polen mieteten die Männer teure Autos und verschoben die Karossen später über die Grenze. Betroffen waren vor allem Mietfirmen aus Vorpommern und dem östlichen Mecklenburg. Der angerichtete Schaden betrug damals nicht weniger als 1,1 Millionen Mark.

Der Zellennachbar, der den Staatsanwalt besuchte, konnte mit seinem Gewissen nicht vereinbaren, von einem Mord zu wissen und den nicht zu melden. Sagte er jedenfalls. Vielleicht versprach sich der Mann ja auch den Erlass seiner Strafe – wenigstens zum Teil. Dessen Glaubwürdigkeit war von den Anwälten des Trios vor den Schranken des Neubrandenburger Landgerichts jedenfalls nicht zu erschüttern. Denn, was der Mann erzählte aus den Gesprächen mit seinem schwatzhaften Leidensgefährten hinter Gittern konnte nur jemand wissen, der bei der Tat dabei war. Täterwissen nennen das Ermittler.

Beispiel: Der Schuss in den Hinterkopf des Opfers oder das als Fesselung benutzte Abschleppseil aus dem Auto des Opfers. Der Mann mit der lockeren Zunge war, so stellte sich später heraus, ausgerechnet jener, der dem Opfer während einer fingierten Probefahrt in den Hinterkopf schoss.

Die drei Männer im Alter von 28, 29 und 36 Jahren wurden angeklagt, den Autohändler ermordet zu haben. Jeder Gerichtstag fing
mit Verspätung an, denn die Verhandlungen begannen stets unter
großen Sicherheitsvorkehrungen. Die Justiz befürchtete, dass sich
unter die Zuschauer jemand mischte, der aus Rache das ganze Verfahren abkürzen könnte.

Wochen später

Das hatte es so in dem neuen Justizzentrum der Viertorestadt auch
noch nicht gegeben: Anhaltendes Beifallklatschen, als der Vorsitzende Richter nach fast zwei Stunden seine mündliche Urteilsbegründung beendet hatte. Wie an allen Verhandlungstagen in dem zwei
Monate dauernden Prozess waren auch am letzten Tag wieder zahl-
reiche Freunde und Bekannte des im Dezember 1999 ermordeten
Autohändlers im Saal anwesend. Und die hatten – aus ihrer Sicht
– Grund zum Aufatmen. Die zuständige Kammer des Neubrandenburger Landgerichts verurteilte die drei Angeklagten wegen gemeinschaftlichen Mordes, illegalen Waffenbesitzes, Brandstiftung
und Diebstahls zu lebenslangen Freiheitsstrafen. Dabei erkannten
die Richter auf eine besondere Schwere der Schuld. „Die Tat kam
einer Exekution gleich", so der Richter. Das Gericht schätze die
Schuld so schwer ein, hieß es, dass ein Aussetzen der Strafe nach
15 Jahren unangemessen erscheine. Die Tat sei heimtückisch und
aus Habgier begangen worden.

Mit dem Urteil entsprach das Gericht dem Antrag der Staatsanwaltschaft. Die Verteidigung der Angeklagten hatte dagegen Freispruch
gefordert. Die Revision der Anwälte wurde später vom Bundesgerichtshof als unbegründet zurückgewiesen.

Haftbefehle wegen Mordverdacht verkündet

Schieber sollen Autohändler umgebracht haben

Neubrandenburg (EB/dpa). Der Mord an dem ▮▮▮▮ Autohändler ▮▮▮▮ steht nach Angaben der Neubrandenburger Staatsanwaltschaft offenbar im Zusammenhang mit Geschäften einer deutsch-polnischen Autoschieberbande. Das Amtsgericht Demmin hatte bereits vorige Woche Haftbefehle wegen Mordes gegen die drei Männer erlassen, bei denen es sich um die Köpfe der Bande handeln soll, sagte der Leitende Oberstaatsanwalt Rainer Moser. Die Haftbefehle wurden gestern verkündet.

Das Trio sei noch in Untersuchungshaft wegen der Autoschiebereien. Der 36-jährige ▮▮▮▮ war seit dem 14. Dezember 1999 vermisst und später erschossen aufgefunden worden (Nordkurier berichtete). Die Polizei hatte der Bande, die Fahrzeuge für mehr als eine Million Mark über die Grenze verschieben wollte, im Frühjahr 2000 das Handwerk gelegt. Seit den Ermittlungen gegen die Bande hätten sich die Mord-Indizien gegen die drei Tatverdächtigen stark verdichtet. **Seite 5: Bericht**

Zeitungsausriss vom Nordkurier vom 15. Dezember 2000

71

ZWEITER TEIL

UNFASSBAR

Der Axtmord von Trebenow

+ + + *Ereignet im Sommer 2014* + + +
Von Rainer Marten

■ Ausflug in die Provinz

Am 22. Juli 2014 erwacht Trebenow, ein Bauerndorf im Landkreis Uckermark, wie an jedem Morgen: Gegen 5 Uhr rumpelt
ein schwerer Kesselwagen mit Anhänger durch den Ort. Es ist
ein Milchtransporter auf dem Weg ins Nachbardorf Bandelow.
Die Räder rattern in kurzen, harten Stößen über die Fugen der
Betonpiste. Der Fahrer fährt zügig; sein Fuß quält das Gaspedal,
und die tonnenschwere Last erschüttert die Häuser. Im Halb-
schlaf registrieren die Leute so Tag für Tag den anbrechenden
Morgen. Danach ist es wieder still. Die Straße ist wie leer gefegt.
Aber das Dorf schläft jetzt nicht mehr. Es räkelt sich langsam aus
der Nacht.
Pascal M.*) spürt an diesem Morgen, dass etwas anders ist. Der
Mann aus dem drei Kilometer entfernten Lübbenow muss zu sei-
ner Frühschicht in ein Pflegeheim bei Prenzlau. Er wundert sich
über die offen stehende Garagentür am Hof von Hans-Georg B.*)
Die Garage befindet sich direkt an der Straße in einem stattlichen
Bau aus gespaltenen Feldsteinen. Irgendwann hatte ein Besitzer
den Speichergiebel durchbrochen und ein Holztor eingebaut.
Stand das Tor wirklich einmal offen, dann waren die Holztüren

immer eingehakt. An diesem Morgen aber ist das nicht so. Die Türflügel schlagen bisweilen im Wind.

Der Mann muss plötzlich bremsen: Ein schwarzer Mischlingshund streicht unvermittelt über die Straße. „Das ist doch Hans-Georgs Hund", schießt es dem Lübbenower durch den Kopf. Das Tier, sonst im Karree des Bauernhofes lebend und durch die Ritzen des Brettertores jeden Vorbeigehenden ankläffend, konnte offenbar seine Freiheit nicht genießen. Mit eingezogenem Schwanz schaut sich der Hund immer wieder zu dem Auto um, um dann im Kraut des nahen Dorfteiches zu verschwinden. Wer weiß, wie lange der schon auf der Dorfstraße unterwegs ist...

Der Lübbenower fährt weiter. In der Ferne, schon auf der Chaussee in Richtung Werbelow, sieht er, wie sich ein Auto zügig entfernt. Ein Renault. Pascal M. kennt den Wagen. Er gehört Hans-Georg B. In dem Auto, das sieht der Pfleger noch, bewegen sich die Köpfe zweier Personen... Eine halbe Stunde später trifft er bei seiner Arbeitsstelle ein.

Die Beobachtungen des Lübbenowers sollten Tage später bedeutsam sein. An diesem Morgen aber ahnt noch niemand, dass sich in dem Dorf etwas Schreckliches ereignet hat.

Am Vormittag bleibt die Zeitung im Briefkasten von Hans-Georg B. stecken. Pendler fahren an dem Haus und der offenen Garage vorbei. Laster jagen die Straße hinunter. Der Mischlingshund taucht immer wieder einmal am Grundstück auf und verschwindet erneut. Gegen 11.30 Uhr dreht an diesem Tag Hans L.*) seine große Runde. Der Mann fährt das Essen der Nechliner Küche aus. Milow, Werbelow, Bandelow – L. steuert Tag für Tag etliche Dörfer an. Die Kunden sind Rentner, oft alleinstehend. Ein nettes Wort wird gewechselt, aber viel Zeit zum Reden bleibt nicht, denn der Essensfahrer steht unter Druck. In Trebenow hält er am Wohnhaus von Hans-Georg B. Der 62-jährige Hausbewohner, Ingenieur und seit einer Erkrankung vor Jahren Erwerbsunfähigkeits-Rentner, reagiert dieses Mal nicht auf sein Klingeln. Gewöhnlich nimmt B. sein Essen persönlich entgegen. An diesem Dienstag ist das nicht so. Beide Männer haben für solche Fälle die Absprache getroffen, dass Hans L. die Assiette auf dem Fensterbrett vor der Veranda abstellt. In der Mikrowelle ist so ein Essen schnell wieder aufgewärmt. Der Mann ist sicher auf dem großen Grundstück unterwegs, mutmaßt der Fahrer noch, als er sich in sein Auto setzt. Oder er versorgt seine Bienen im Garten hinter dem großen Stall aus den gebrochenen Feldsteinen.

Die nächsten Tage

23. Juli 2014. Mittagszeit. Die Assiette auf dem Fensterbrett ist unberührt! Und die Garagentür wedelt noch immer im Wind. Bei dem Fahrer, und nicht nur bei ihm, macht sich eine Ahnung breit. Es ist dieses unbestimmte Gefühl, das entsteht, wenn zwei, drei Dinge anders als gewöhnlich ablaufen. Es ist eine Ahnung, die nach Klärung verlangt!

Hans-Georg B. hatte seinem Nachbarn vor längerer Zeit einen Haustürschlüssel anvertraut. Für den Fall der Fälle. Es kann ja mal was sein. Als der Nachbar am Nachmittag, nach der Frühschicht, auf seinem Hof eintrifft, bitten ihn einige Leute, einen Blick in das Haus von Hans-Georg B. zu werfen. Der frei laufende Hund, die offene Garagentür, das stehengebliebene Essen – mit B. könnte etwas nicht stimmen. Der Nachbar willigt ein.

Auf dem Hof stutzt er: Ein Fenster ist offen! Er schließt die Haustür auf, geht durch das Haus. Raum für Raum. Schließlich das Schlafzimmer. Und hier erwartet den suchenden Anwohner ein dramatisches Bild: An den Wänden zeichnen sich dunkle Flecken ab. Unter einer herübergeworfenen, mit einer dunklen Masse durchtränkten Decke erkennt der Mann die Konturen eines menschlichen Körpers. Am Boden liegt eine zerbrochene Axt. Der Mann im Bett regt sich nicht, er ist offenbar tot. Alle Umstände in dem Zimmer deuten auf eine Gewalttat hin, eine grausame, entsetzliche Tat.

An diesem Nachmittag überschlagen sich die Ereignisse in dem kleinen Dorf. Die Mordkommission der Kriminalpolizeidirektion Ost, Frankfurt/Oder, rückt an. An der Straße parkt eine lange Autoschlange. Mannschaftswagen, Polizeiautos, Wagen mit zivilen Kennzeichen. Das Wohnhaus von Hans-Georg B. und das gesamte Umfeld des Hofes werden abgesperrt. Männer in weißen Overalls betreten und verlassen am Abend das Haus. Ein Staatsanwalt ist vor Ort.

Der Tod des Rentners, der in seiner Freizeit Bienen züchtete und der dem Gemeindekirchenrat angehörte, spricht sich in Windeseile in dem Ort herum. Es ist eine Nachricht, die Spekulationen auslöst: Hans-Georg B. sei immer im Internet unterwegs gewesen, heißt es. Man habe ihn oft vor dem Computer sitzen gesehen. Sollte sich da etwas angebahnt haben? Die Nähe zur deutsch-polnischen Grenze kommt ins Spiel. Die illegale Einwanderung. Hat sich jemand in Trebenow so ein Auto verschafft? „Viele von uns hatten Angst, dass da vielleicht eine brutale Diebesbande unterwegs ist. Ich habe mehrere Nächte nicht geschlafen", berichtet eine Frau der Zeitung. Zeitweise bat sie sogar ihre Tochter, mit bei ihr im Haus zu schlafen. In dem sonst so beschaulichen Ort breitet sich Ratlosigkeit, Ungewissheit, ja Angst aus: Wer hat Hans-Georg B. umgebracht? Warum? Lebt in diesem

Dorf ein Mörder? Trebenow fällt an diesem 23. Juli, wenn überhaupt, in einen unruhigen Schlaf. Die Ermittler sind bis tief in
die Nacht hinein vor Ort. Irgendwann nach Mitternacht fährt ein
Leichenwagen vor. Der Tote wird abgeholt, zur Obduktion, die
die Staatsanwaltschaft angeordnet hat.

Am 24. Juli trifft morgens in den Redaktionsstuben der Tageszei-
tung eine gemeinsame Presseerklärung der Staatsanwaltschaft
Neuruppin und der Polizeidirektion Ost ein. Erstmals werden
Details der grauenhaften Tat bekannt: „Die Verletzungen, die
der 62-Jährige aufwies und die zu seinem Tode führten, sind auf
massive Gewalteinwirkung zurückzuführen. Im Ergebnis der

*Kripo-Beamte geben sich die Klinke in die Hand. Auf der sonst so ruhigen Dorfstraße ist
viel Betrieb.*

Ein Anblick wie im Film: Immer wieder fahren Polizeiautos vor.

durchgeführten Obduktion ist der Tod des Opfers wahrscheinlich in der Nacht zum 22. Juli eingetreten ... Die Ermittlungen der Staatsanwaltschaft und der Mordkommission der Polizeidirektion Ost werden mit Hochdruck geführt. Hinweise auf den oder die Täter liegen nicht vor ..." In der Meldung geht es auch um den üblicherweise in der Garage stehenden Renault des Getöteten. Er fehlt. Dabei handelt es sich um einen grauen Renault Laguna älteren Baujahrs mit dem amtlichen Kennzeichen UM-TB ...

Nachmittags halten erneut Mannschaftswagen in dem Ort. Hundeführer der Deutschen Lebensrettungsgesellschaft steigen mit ihren Tieren aus. Die Männer unterstützen die Polizei regelmäßig bei Ermittlungen. In der Regel suchen sie vermisste Personen. Diesmal geht die Staffel auf Spurensuche in einem Gewaltverbrechen. Sie sollen die Spuren eines mutmaßlichen Mörders finden – mit ihren sogenannten Mantrailern.

Bei Mantrailern, Personenspürhunden, handelt es sich um hochspezialisierte Tiere. Diese können im Unterschied zu normalen Suchhunden mit ihrer Nase verschiedene menschliche Gerüche voneinander unterscheiden und sich trotz vieler Verleitungen ausschließlich an den Geruchsmerkmalen der gesuchten Person orientieren. Möglich ist das, weil der Mensch in jeder Minute Tausende Hautschuppen verliert. Die bilden eine Duftspur. Solche Spuren können diese Hunde noch nach 36 Stunden wahrnehmen. Verliert ein Täter außerdem Blut, erhält sich die Spur bis zu 120 Tage. Auf solche Spuren hoffen die Beamten nun händeringend... Fündig werden sie indes nicht.

Über Trebenow, dem Dorf mit nur 160 Einwohnern, legt sich in diesen Tagen ein Schleier aus Verunsicherung, Trauer und Depression.

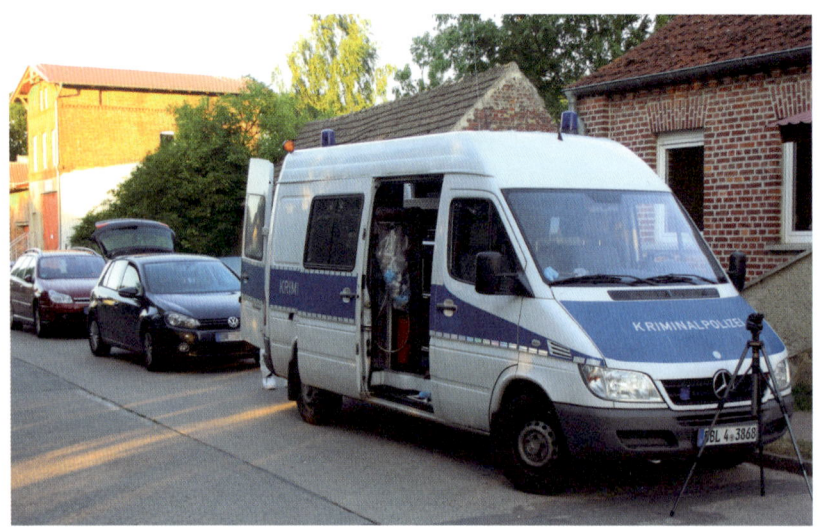

Jeder Winkel wird unter die Lupe genommen.

Die Spurensicherung hat viel zu tun. Weiße Ganzkörperanzüge sind die Dienstbekleidung beim Gang ins Haus und aufs Grundstück.

Das Wohnhaus wirkt äußerlich so zeitgemäß und normal, unvorstellbar für die Anwohner, dass sich darin ein schweres Verbrechen zugetragen hat.

Es ist diese Ohnmacht, nichts von all dem geahnt zu haben. Und weil das so war, konnte auch nichts verhindert werden.

Die Ermittlungen zum „Axtmord von Trebenow", wie der Fall bei den Ermittlern bald bezeichnet wird, leitet Kriminalhauptkommissar Jan H.*), der von dem Rechtsmediziner Detlef G.*) unterstützt wird. Beide haben sich den Tatort angesehen, sie analysieren die Fakten, kombinieren ihre beruflichen Erfahrungen mit ihren Kenntnissen aus der Psychologie und Kriminalistik. Monate nach dem Mord erfahren die Trebenower, wie komplex die Kriminalisten und Rechtsmediziner in diesem Fall ermittelt haben. Die Beamten und ihre Helfer wenden das Prinzip der kriminalistischen, beziehungsweise der operativen Fallanalyse an. Es geht zuerst um objektive Daten und möglichst umfassende Informationen zum Opfer. Aus dieser Sicht sollen ermittlungsunterstützende Hinweise zum Fall erarbeitet werden. Angesichts der Schwere der Verletzungen und der Art des Verbrechens gehen die Ermittler von einer Beziehungstat aus. Möglicherweise kannten sich Opfer und Täter persönlich. Vielleicht hatte der Täter Ortskenntnisse. Die Ermittler checken das Umfeld des Getöteten, ermitteln in seiner Vergangenheit, stellen Querverbindungen her – und schweigen, als es Nachfragen seitens der Medien zum Stand der Ermittlungen gibt. Weder Polizei noch Staatsanwaltschaft wollen durch frühe Informationen die Ergebnisse gefährden!

Die zuständige Oberstaatsanwältin von der Staatsanwaltschaft Neuruppin, Lieselotte S.*) verweist bei Medienanfragen auf die Mordkommission. Diese ermittle bekanntlich mit Hochdruck. Ein Schwerpunkt der Ermittlungen richtet sich auf den Verbleib des Fahrzeuges des Opfers, wiederholt sie. Das Auto, ein grauer Renault Laguna älteren Baujahres, stehe gewöhnlich in der Garage direkt am Hof des Getöteten. Seit dem Gewaltverbrechen ist es verschwunden. Die Oberstaatsanwältin wiederholt Bekanntes. Sie verschiebt auf später. Zu diesem Zeitpunkt aber weiß sie schon mehr.

Sie weiß, dass die Ermittler nicht nur einen mutmaßlichen Täter, sondern zwei suchen müssen. Pascal M., der Pfleger aus Lübbenow, hatte seine Beobachtungen der Polizei mitgeteilt.

26. Juli 2018, Sonnabend, 10 Uhr; die Kirche in Trebenow.

Rund 50 Einwohner und Bürger aus den Nachbarorten kommen zu einer Andacht zusammen. Pfarrer und Gemeindekirchenrat hatten dazu eingeladen. Jeder kann einkehren, auch jene, die der Kirche nicht angehören, aber betroffen sind. Kerzen werden entzündet. Der Pfarrer spricht. Dann langanhaltende Stille. Noch immer kann niemand begreifen, warum Hans-Georg B. vor vier Tagen so sterben musste. Hans-Georg, der Kirchenälteste. Der Hobbyimker. Der Nachbar. Der Freund.

An diesem Sonnabend, vier Tage nach dem Verbrechen, kursiert abends ein Gerücht in Trebenow: Zwei Personen seien in der Nacht zum Sonnabend festgenommen worden. In Berlin. Die Polizei bestätigt noch nichts. Sie bestreitet auf Nachfrage auch nichts. Das erste Wochenende nach dem Mord endet erneut mit Spekulationen.

28. Juli, Montag. Der Mord ist aufgeklärt! So schnell sich die Tat, als sie bekannt wurde, herumgesprochen hatte, so schnell verbreitet sich jetzt diese Nachricht. „Wir haben einen 25-jährigen Hauptverdächtigen festgenommen, gegen ihn wurde Haftbefehl wegen des Verdachts des Mordes erlassen", informiert ein Sprecher der Staatsanwaltschaft Neuruppin. Dabei handelt es sich um Stephan G.*), den 25-jährigen Sohn einer ehemaligen Lebensgefährtin des Opfers. Das Paar ist aber schon länger getrennt. Als Motiv für die Tat vermuten die Behörden Beschaffungskriminalität: Der 25-Jährige ist als Drogenkonsument bekannt. Außerdem nehmen die Ermittler den 23-jährigen Liang H.*) fest, der verdächtigt wird, sein Komplize zu sein. Es handelt sich um einen Thailänder, der schon länger in Deutschland lebt. Zum Zeitpunkt der Festnahme des zweiten Verdächtigen reicht die Beweislage nicht aus, um ihn ebenfalls in Untersuchungshaft zu nehmen. Er kommt wieder auf freien Fuß. Aber nicht für immer. Ist der, sind die Mörder von Trebenow gefasst? Die Ermittlungsbehörden sind nach der Bekanntgabe ihrer Ergebnisse optimistisch. Die Oberstaatsanwältin Liselotte S. aus Neuruppin: Die Staatsanwaltschaft sieht einen dringenden Tatverdacht

Viele Menschen nutzen die Möglichkeit, in der Kirche zu beten.

Unzählige Kerzen werden als Zeichen von Mitgefühl mit dem Opfer angezündet.

zumindest gegen den 25-Jährigen. In der Wohnung des Getöteten wurden biologische Spuren gefunden, DNA, die dem Mann eindeutig zugeordnet werden können. Der Antrag auf Untersuchungshaft ist bestätigt worden. Der 25-jährige ist seit dem Wochenende in Haft. Der 23-Jährige musste vorerst wieder freigelassen werden.

Der 25-Jährige geriet relativ schnell in das Visier der Ermittler. Seitens der Staatsanwaltschaft heißt es dazu: Der Mann war bereits wegen mehrerer Gewalttaten aufgefallen. Er ist drogenabhängig. Die Ermittler gehen davon aus, dass der Einbruch der Geldbeschaffung gedient hat.

Die Staatsanwaltschaft bestätigte, dass sich Opfer und mutmaßlicher Täter lange kannten: Der Stiefsohn hat ab 1994 bis 2001 im Haus des Toten gelebt. Mehrfach habe es zwischen dem Mann und der Lebensgefährtin Streit gegeben, da der Minderjährige häufig wegen krimineller Aktionen auffiel. Schließlich habe sich das Paar getrennt; Lebensgefährtin und Sohn zogen in die Stadt, erst in die Nähe, dann weiter weg. Als der Sohn erwachsen wurde, ging dieser nach Berlin.

Gegen den zweiten Beschuldigten, den 23-jährigen Liang H., ermittelt die Staatsanwaltschaft weiter. Sie untersucht, ob eine Beteiligung vorliegt. Dem Thailänder kann zuerst nicht belegt werden, dass auch er im Haus in Trebenow war. Das ist tagelang Gegenstand der Ermittlungen. Verdachtsmomente ergeben sich indes, da der Hauptverdächtige und der Thailänder in Berlin eine Wohnung bewohnen. In der gemeinsamen Wohnung wurde bei Durchsuchungen Diebesgut aus dem Haus des Mordopfers gefunden. Stutzig machte die Ermittler, dass ausgerechnet der 23 Jahre alte Verdächtige, der jede Tatbeteiligung hartnäckig leugnet, in der Befragung berichtete, dass der Wagen des Rentners bereits einen Tag nach dem Mord auf einem Automarkt in Polen verkauft worden sein soll. Wenn auch nicht in dem Wohnhaus, im Ort muss Liang H. gewesen sein. Es gibt die Zeugenaussage, dass sich zwei Personen in dem Auto befunden hätten. Beide Tatverdächtigen schweigen indes beharrlich zu den Vorwürfen.

In der Sache werden die polnischen Beamten um Amtshilfe gebeten. Aber ob das Auto jemals wieder aufgefunden wird, bleibt zweifelhaft.

Die Verhaftung des Sohnes der ehemaligen Lebensgefährtin von Hans-Georg B. löst in dem kleinen Dorf ein Gefühl von Bitternis aus. Aber die Einwohner sind auch erleichtert: Keiner von hier, keiner von uns!

Rückblende:

Hans-Georg B. hatte von 1994 bis 2001 versucht, dem Jungen in Trebenow ein Zuhause zu geben. Immerhin war der erst fünf, als er zusammen mit seiner Mutter in den Ort zog. In den alten Stallungen hatte Hans-Georg B. ihm eine kleine Werkstatt eingerichtet, weil sich der Stiefsohn für alles Motorisierte interessierte. Der Junge ging trotzdem eigene Wege. Er war, trotz seines kindlichen Alters, bald berüchtigt im Ort. Verschwundene Radkappen, Autokennzeichen... Häufig kam die Rede auf ihn. Er stand auch im Verdacht, in das Gemeindehaus eingebrochen zu sein, wo sich ein Stützpunkt einer Beschäftigungsgesellschaft für Arbeitslose befand. Geklaut wurde dort nichts. Aber sämtliche Computer und die Technik waren zerschlagen.

Stephan G. wurden in dem Ort immer mehr Straftaten zugeschrieben: Im örtlichen Landwirtschaftsbetrieb hatte jemand an den Mähdreschern alle Radios rausgerissen und sämtliche Scheiben der Fahrzeuge zerschlagen; aus dem in der Nähe liegenden Trockenwerk waren die Rasenmäher gestohlen worden. Gefährlich wurde es, als man bei mehreren Fahrzeugen die Bremsschläuche durchschnitten vorfand. Ein Fahrer entdeckte das noch rechtzeitig; zu einem Unfall kam es nicht. Als ein Erdkabel der Energieversorgung in Richtung Werbelow verlegt wurde, sollen er und ein Freund sich daran gemacht haben, mit einem Beil ein 1 Meter langes Stück herauszuhacken. Der Schaden ging in die Tausende. Heraus kam das alles, nachdem ein Anwohner den Jungen in der Nacht auf einem Beutezug beobachtet hatte. Die Polizei durchsuchte daraufhin den Hof und fand einen Großteil des Diebesgutes in der Werkstatt des Jungen. Da dieser damals 13 Jahre alt war, kam er ohne Strafe davon. Wegen der Diebestouren soll es im Haus immer mehr Streit gegeben haben, bis sich das Paar trennte.

Ausgehend von dieser Vorgeschichte ermittelte Kriminalhauptkommissar Jan H. und stieß auf den Stiefsohn, auf dessen Drogensucht und kriminelle Vergangenheit. Am Ende der Ermittlungen rekonstruierten die Kriminalisten den Ablauf der Tat:

21. Juli 2014. In Berlin besteigen nachmittags zwei junge Männer den Zug. Über Prenzlau erreichen sie den kleinen Bahnhof in Nechlin. Sie steigen dort im Schutze der Dunkelheit aus, ihr Ziel ist Trebenow, knapp vier Kilometer vom Bahnhof Nechlin entfernt. Der eine, Stephan G., kennt die Gegebenheiten, Liang H., der Thailänder, ist erstmals in der Region. Nach Jahren der Abwesenheit spürt Stephan G., der sich jetzt als Berliner fühlt, die dörfliche Tristesse und den morbiden Hauch von Vergänglichkeit – wegen der leeren Häuser am Ortseingang und einer einstürzenden Scheune ein paar Meter weiter. Er sieht dunkle Schuttberge hinter den Maschen-drahtzäunen und Holundersträuchern. Jetzt also ist er wieder hier. Im Ort der Kindheit. Was mag Stephan G. in dieser Nacht gedacht und gefühlt haben? Ob sie ahnten, dass sie zu Mördern werden würden? Oder planten sie das?

Beide warten abseits der Dorflage, bis im Ort die letzten Lichter aus-gehen. Ihr Ziel ist das Haus von Hans-Georg B. mitten im Dorf. Ste-phan G. vermutet bei dem früheren Stiefvater Geld. In der Dunkelheit schleichen sie sich auf das Gehöft; Stephan G. kennt sich auf dem Hof aus. Zuerst öffnet er die Tür zu seiner einstigen Werkstatt im Feldstein-gebäude. Fast alles ist noch so, wie er die Werkstatt vor Jahren hinter-lassen hat. An der Werkstatttür steht sogar noch sein Name. Er sieht sich um. Schließlich greift er zu einer Axt, die auf der Werkbank liegt.

Beide hebeln auf der Hofseite ein Fenster auf, das fast lautlos aus den Riegeln springt. Im Haus räumen sie dann zusammen, was sie greifen und ihren Vorstellungen nach in Berlin zu Geld machen können. Einen Fotoapparat, Schmuck der einstigen Großmutter, Uhren.

Das alles muss abtransportiert werden. Mit dem Auto? Die jungen Männer nicken sich zu. Den Autoschlüssel finden sie nicht. Stephan G. drückt die Tür zum Schlafzimmer seines einstigen Stiefvaters auf. Er beginnt auch dort zu suchen: auf der Anrichte, dem Tisch, dem Nacht-schrank. Das macht Geräusche. Hans-Georg B. bewegt sich, er wird wach. Der ehemalige Stiefsohn tritt ans Bett, holt mit der Axt aus. Die stumpfe Seite trifft den Kopf des 62-Jährigen. Einmal, ein zweites Mal...

Mit dem Autoschlüssel in der Hand gehen sie anschließend zur Garage, sie beladen das Fahrzeug und verlassen am frühen Morgen Trebenow, wobei sie beobachtet werden.

Später wird der 25-Jährige behaupten, den Mann nur bewusstlos hätte schlagen wollen, um nicht erkannt zu werden. Und nach seiner Festnahme streitet er die Tötungsabsicht hartnäckig ab. Die von den Ermittlern aufgefundene Situation spricht aber eine andere Sprache: Die Wände sind voller Blutspritzer. Kopf und Arme des Toten zeigen Spuren massiver Gewaltanwendung. Das Bettzeug ist blutdurchtränkt. Am Boden liegt eine zerbrochene Axt, eine zweite Axt, die offenbar aus der Werkstatt geholt werden musste, und ein Kuhfuß sind blutüberströmt.

Für den bevorstehenden Prozess und für das vom Gericht zu treffende Urteil ist es wichtig, eine generelle Frage zu klären: Können die Ermittler den Männern die Tötungsabsicht nachweisen?

Um die Vorsätzlichkeit der Tat nachzuweisen, greifen die Rechtsmediziner in diesem Fall auf eine Methode zurück, die, seit es DNA-Untersuchungen gibt, an Bedeutung verloren hat: Es handelt sich um die Blutspurenmusteranalyse. Mit Hilfe der Analyse soll geklärt werden, was in der Mordnacht geschah. Kann den Beschuldigten nur eine passive Krafteinwirkung mit der Axt oder ein aktives Ausholen nachgewiesen werden? War das Opfer während der Tat mit einer Decke bedeckt oder war der Körper frei? In jedem Fall entsteht am Tatort ein Blutspurenmuster.

Rechtsmediziner fahren erneut nach Trebenow zu der noch immer versiegelten Wohnung und untersuchen das Blutspurenbild vor Ort, sie vermessen den Tatort erneut, fertigen Fotos an und speisen alle Daten in den Rechner ein. Nach einer Rekonstruktion der Mordnacht in der virtuellen Welt steht fest: Die Täter haben mit großer Kraft auf ihr Opfer eingeschlagen. So stark, dass der Stiel einer Axt zerbricht. Schädeldach und Schädelbasis sind mehrfach gebrochen. Es muss mindestens dreizehn massive Schläge auf den Kopf des Opfers gegeben haben. Vielleicht sogar mehr. Bestritten die Täter bislang ihre Tötungsabsicht, gestehen sie, mit diesem Ergebnis konfrontiert, den Mord ein: Stephan G. habe mit der Axt eingeschlagen; Liang H. mit einem herbeigeholten Kuhfuß, weil das Opfer noch immer nicht tot war. Sie gestehen weiter ein, ja, sie seien auf Diebestour in Trebenow gewesen.

Mehr als ein halbes Jahr später

12. Februar 2015: Sechseinhalb Monate nach der Tat. Inzwischen ist in Trebenow so etwas wie Alltag eingezogen. Das Haus von Hans-Georg B. ist leer geräumt. Es steht zum Verkauf.

An diesem Tag ruft eine Meldung in der Zeitung die Tat zurück in das Gedächtnis der Leute: Nach dem Ende der langwierigen Ermittlungen hat das Landgericht in Neuruppin den Prozess gegen die Tatverdächtigen angesetzt. „Geplant sind drei Verhandlungstage", informierte eine Sprecherin des Landgerichtes. „Der Prozess beginnt am 4. Mai um 10 Uhr im Sitzungssaal I des Landgerichtes Neuruppin. Der zweite Verhandlungstag ist am 5. Mai, der dritte am 7. Mai. Beginn ist jeweils um 10 Uhr." Habgier und Beschaffungskriminalität, schließlich auch noch Verdeckungsabsichten kommen als Tatmotive in Frage. Das alles soll der dreitägige Prozess klären. „Er hat sich jetzt zur Sache eingelassen, aber wir müssen abwarten, wie die drei Prozesstage im Mai ablaufen werden", sagte die Sprecherin.

■ Drei Verhandlungstage und unzählige Details

4. bis 7. Mai 2015. Neuruppin. Der Prozess. Wegen Mordes und Diebstahls stehen die beiden jungen Männer Stephan G. und Liang H. vor dem Landgericht Neuruppin. Zwei junge Männer unter Mordverdacht. Es ist ein Verfahren, das noch einmal Details zweier verfuschter Leben und einer grauenhaften Tat nennen wird. Es ist ein Verfahren der Gutachter und Rechtsmediziner. Am Ende wird ein Urteil stehen. Sie hatten auf mehrere 10000 Euro auf den Sparbüchern von Hans-Georg B. spekuliert, heißt es in dem Verfahren. Auf vermeintliche Sachwerte in der Wohnung, die sie in Berlin zu Geld machen wollten. Deshalb seien Stephan G. und Liang H. in der Nacht zum 22. Juli 2014 in das Haus des späteren Opfers in Trebenow eingestiegen. Der Erwachende wurde dort in seinem Bett vorgefunden – und erschlagen.

Es geht an den drei Verhandlungstagen um viele Details. Ob Hans-Georg B. bei rechtzeitiger Hilfe noch hätte gerettet werden können, konnte Rechtsmediziner Detlef G.*) dem Gericht nicht sagen. Fest steht, dass der Rentner nicht sofort nach den Misshandlungen tot war. Durch die exzessive Gewalteinwirkung erlitt das Opfer eine massive Schädelzertrümmerung, ein Ohr war durchtrennt, Handknochen kaputt geschlagen. Für das, was Stephan G. gemacht hat, sei er voll verantwortlich. Er war weder im Rausch, noch hat er eine krankhafte seelische Störung, sagt einer der Gutachter. Er beschrieb den Angeklagten als „Wolf im Schafspelz", als einen intelligenten, manipulativen Mann, der bei entsprechender Anstrengungsbereitschaft viel leisten könnte. Wenn er wollte.

Doch bereits in der Schule verweigerte er sich, schaffte gerade so den Realschulabschluss und absolvierte eine Lehre zum Verkäufer. Sein Traum von einer Karriere bei der Bundeswehr endete nach einigen Monaten. Bereits dort fiel er durch Persönlichkeitsbesonderheiten auf. 2009 wurde Stephan G. zum ersten Mal verurteilt, wegen Raubes. Von April 2010 bis Januar 2014 saß er im Gefängnis. Nach seiner Entlassung lebte er in einer Pension in Berlin, wo er den mitangeklagten Liang H. kennenlernte. Dort kam er auch das erste Mal in Kontakt mit Drogen. Drei Monate später wurde er erneut inhaftiert, wurde aber im Juni 2014 von der Haft verschont. „Er hat sich eine kriminelle Identität zugelegt", erklärt der Gutachter.

Das Urteil – verkündet am 7. Mai 2015
Die Atmosphäre im Gerichtssaal ist am Tag der Urteilsverkündung nüchtern. Sie erfasst nicht das Grauen jener Nacht zum 22. Juli 2014 in dem Bauernhaus in Trebenow. So wird es die anwesende Journalistin in die Zeitung schreiben. Man sollte sich das bildlich vorstellen, hatte der Richter während der Verhandlung gesagt: Ein Mann liegt schlafend in seinem Bett und wird von zwei Männern mit einer Axt und einem Kuhfuß attackiert. Das Blut spritzte an die Wände. „Da würde jeder erschauern. Es war ein schreckliches Geschehen, dass das Opfer kaum überleben konnte."

„Einen grauenhaften Tötungsakt" nennt den Fall der Staatsanwalt. Sie wollten Hans-Georg B. als Zeugen ihres Einbruchsdiebstahls ausschalten. Als Haupttäter gilt Stephan G. Der bisher nur unwesentlich vorbestrafte Liang H. gilt als Mitläufer. „Aber er hat mitgemacht", so der Richter.

„Jeder Laie weiß, dass Schläge mit solchen Werkzeugen gegen den Kopf lebensgefährlich sind", stellt der Staatsanwalt fest. Er und das Gericht gehen bei den Angeklagten von einem Tötungsvorsatz aus. Drei Mordmotive sieht das Gericht als erfüllt an: das Ermöglichen und Verdecken einer Straftat sowie Habgier. Lebenslang lautet daher das Urteil des Landgerichts Neuruppin für Stephan G. und Liang H. wegen gemeinschaftlichen Mordes. Für Stephan G. ordnet das Gericht darüber hinaus die Sicherungsverwahrung an. Er wird wohl nie wieder auf freien Fuß kommen.

Noch mit einem Abstand von Monaten wird der dann schon pensionierte Richter den „Axtmord von Trebenow" als einen der schrecklichsten Tötungsdelikte bezeichnen, die er in seiner langen beruflichen Laufbahn verhandeln musste.

*) *Name von der Redaktion geändert*

Der Journalist Rainer Marten lebt in Trebenow. Er hat den Beitrag „Der Axtmord von Trebenow" aus seinen eigenen und weiteren Berichterstattungen für dieses Buch zusammengestellt.

Angeklagte gestehen im Mordfall ▮▮▮▮▮

Von Dagmar Simons

Am Montag begann der Prozess gegen zwei junge Männer. Ihnen wird Mord und Diebstahl vorgeworfen. Beide gaben zu, die Tat begangen zu haben. Trotz ihres brutalen Vorgehens behaupten sie aber, dass sie den 62-jährigen ▮▮▮ nicht töten wollten.

TREBENOW/NEURUPPIN. Er bereut die Tat. „Das, was in der Anklage steht, stimmt", sagte der 25-jährige ▮▮▮ Bis auf einen Punkt: Er wollte den 62-jährigen ▮▮ aus Trebenow nicht umbringen. „Wir wollten ihn bewusstlos schlagen", sagte der mitangeklagte ▮▮▮ Die beiden müssen sich seit Montag wegen Mordes und Diebstahls vor dem Landgericht Neuruppin verantworten.

Während ▮▮▮ sich zum Tatgeschehen nicht weiter äußern wollte, packte ▮▮▮▮ jedoch aus. Völlig unbeteiligt, als ginge es um einen kleinen Ausflug in die Provinz, schilderte der 23-jährige Thailänder, was sich in der Nacht zum 22. Juli 2014 in ▮▮▮▮ zugetragen haben soll. Die Idee, irgendwo einzubrechen, habe ▮▮▮ gehabt. „Ich hatte sowieso nichts vor und bin aus Langeweile mitgefahren", so ▮▮▮ Im Hinterkopf habe er aber den Gedanken gehabt, dass das sowieso nichts würde, wie schon zuvor bei gelegentlichen gemeinsamen Diebestouren durch Berlin.

Mit der Bahn fuhren sie nach Prenzlau, ▮▮▮ mit einem Kuhfuß in der Tasche. Erst in ▮▮▮ vor dem Haus von ▮▮▮ habe er erfahren, dass dort der ehemalige Lebensgefährte der Mutter von ▮▮▮ lebte, so ▮▮▮ Nachdem ▮▮▮ aus der angrenzenden Scheune eine Axt mitgehen ließ, stiegen die beiden durch ein zuvor aufgehebeltes Fenster ins Haus ein. In aller Seelenruhe durchwühlten sie Schränke, packten Laptop, Kamera, Schmuck, Besteck und etwa 130 Euro Bargeld zusammen. ▮▮▮ wollte noch den Autoschlüssel, den er im Schlafzimmer vermutete.

Bei der Suche in dem dunklen Raum wurde ▮▮ wach und richtete sich auf. ▮▮▮ zog dem Rentner die Decke über den Kopf und schlug zu, mehrfach mit dem Axtstiel. ▮▮ – mit dem Kuhfuß. ▮▮▮▮ dessen Befreiungsversuche zu verhindern. Dann übernahm ▮▮▮, während sich ▮▮▮ eine im Flur befindliche Axt holte. „Als ich den Mann fixiert hatte, bewegte er sich nicht mehr", so ▮▮▮. Beim Versuch, dessen Puls zu fühlen, umklammerte das Opfer plötzlich den Arm von ▮▮ Erst nach mehreren Schlägen von ▮▮▮ auf den Arm des Mannes ließ dieser los. „Ich dachte, der hätte ein paar Prellungen", so ▮▮▮

Bevor die beiden Angeklagten in der Morgendämmerung das Haus verließen, warfen sie noch einen letzten Blick ins Schlafzimmer. ▮▮▮ habe sich noch bewegt und Geräusche von sich gegeben. Er sei davon ausgegangen, dass „man ihn finden würde und er dann Anzeige gegen Unbekannt erstatten würde", so ▮▮▮. Auf der Rückfahrt hätten sie sich nicht über die Tat unterhalten. ▮▮▮ hatte nach eigenen Angaben lediglich einen Blutspritzer auf dem Pullover, ▮▮▮ ein paar mehr. Dass ▮▮▮ tot war, erfuhren beide in Polen, wo sie das gestohlene Auto und den Laptop verkauften. Heute wird der Prozess fortgesetzt.

Kontakt zum Autor
red-prenzlau@uckermarkkurier.de

Zeitungsausriss vom Uckermark Kurier/Templiner Zeitung vom 5. Mai 2015

DRITTER TEIL

MYSTERIÖS

Der Brunnenmord in der Uckermark

+++ *Uckermark Kurier/18. Juni 2015* +++
Von Claudia Marsal

◼ Skelettfund ist ein Fall für die Mordkommission

Horrorfund auf einem Privathof in der Uckermark: Wessen Knochen liegen auf dem Grund des Brunnens am Ende des Dorfes? Diese Frage treibt die Bewohner eines kleinen brandenburgischen Ortes um. Dort rückte die Polizei mit einem Großaufgebot an Experten an. Ermittler der Mordkommission, Spezialtaucher vom Präsidium und Kräfte aus dem Schutzbereich Uckermark bezogen am Vormittag Stellung auf dem abgelegenen Gehöft.

Die Bergung des zufällig bei Reinigungsarbeiten entdeckten Skeletts erwies sich als äußerst schwierig und dauerte Stunden, weil der Brunnen sehr eng im Durchmesser und über sechs Meter tief ist. Besonders die Faulgase und die Sauerstoffknappheit über dem Niedrigwasser bereiteten den Polizisten Kopfzerbrechen.

Nach einem ersten Aufklärungsabstieg entschieden die Spezialisten aus Potsdam deshalb, zusätzlich das Technische Hilfswerk (THW) anzufordern und die Wassersäule abpumpen zu lassen. Alles andere wäre zu gefährlich gewesen für die eigenen Leute. Sicherheit geht dort natürlich vor, wie auch die Präsenz eines eigenen Sanitätsfahrzeuges bewies. Erst nach der technischen Hilfeleistung konnten sich die Taucher an die Sicherung der Knochen machen.

Wer dort den Tod gefunden hat und vor allem wie und wann das geschehen ist, konnte die Kripo vor Ort natürlich nicht sagen. Die Ermittlungen laufen aber auf Hochtouren, versicherte der Pressesprecher im Gespräch mit dem Uckermark Kurier.

Erste Befragungen im Umfeld sind aber schon gelaufen, war im Dorf zu erfahren. Auch Fotos wurden dabei offenbar herumgezeigt, hieß es hinter vorgehaltener Hand. Mehr wollten die Dorfbewohner nicht sagen. Sie sind wegen der laufenden Ermittlungen zu Stillschweigen verpflichtet worden. Eins scheint aber klar zu sein: Die Anwohner sind ratlos. Niemand kann sich einen Reim darauf machen, was dort passiert sein könnte.

Sehr zu leiden haben dürfte unter dieser Ungewissheit vor allem der neue Bewohner des Hauses, der sich mit viel Mühe an die Sanierung des abgewirtschafteten Objekts gemacht hatte und ein Kleinod erschaffen hat. Sein Grundstück glich nun der Kulisse eines Kriminalfilms. Dieser Mann wohnt dort aber noch nicht all zu lange. Jahre zuvor hatten hier schnelle Mieterwechsel stattgefunden. „Man wusste manchmal gar nicht mehr, wer dorthin gehört und wer nicht", hieß es im Dorf.

+++ *Uckermark Kurier*/12. *Januar 2016* +++
Von Horst Skoupy

■ Junger Mann lag jahrelang tot im Brunnen

Die Einwohner des Dorfes sind weiter geschockt. Jetzt scheint es, neue Entwicklungen in diesem mysteriösen Fall zu geben. Um in den Ermittlungen voranzukommen, setzt die Polizei auf Unterstützung aus dem Umfeld des Opfers. Und dessen Name wurde nun auch genannt: Der Verstorbene konnte eindeutig als Maik P. identifiziert werden, hieß es seitens der Polizei. Und: „Alle bisherigen Erkenntnisse sprechen für ein Tötungsverbrechen", sagte ein Sprecher.

Zu den Umständen, die zum Tod des 1985 geborenen Mannes geführt hatten, hielten sich die Ermittlungsbehörden lange bedeckt. Aber jetzt gab es nähere Informationen: Maik P. war in einer Stadt in Mecklenburg-Vorpommern aufgewachsen und hatte seit 2008 auf dem Grundstück in der Uckermark gewohnt. Sein Lebensmittelpunkt blieb jedoch die alte Heimat, teilte die Polizei mit. Die Ermittlungen in dem Fall bezeichnete der Pressesprecher als schwierig. Deshalb erforscht die Kriminalpolizei der Direktion Ost seine Lebensumstände und bittet die Bevölkerung um Mithilfe. Konkret suchen die Ermittler nach Menschen, die Kontaktpersonen beziehungsweise Freunde von Maik P. kennen, mit denen er sich seit dem Jahr 2008 umgab. „Wer kann Aussagen zu den Aufenthaltsorten dieser ehemaligen Kontaktpersonen beziehungsweise Freunde treffen?", heißt es in dem Hilfeersuchen der Polizei an die Bevölkerung.

+++ *Nordkurier/13. Januar 2016* +++
Von Andreas Segeth

■ Erste Hinweise im Mordfall

Binnen eines halben Jahres sind in der Mordsache drei Hinweise eingegangen, hieß es seitens der ermittelnden Staatsanwaltschaft Neuruppin. Unterdessen sind weitere Einzelheiten über das Mordopfer bekannt. Laut Polizei betrieb Maik P. zuletzt einen Sonderpostenmarkt. Zuvor hatte er eine Schule besucht, an der Berufsschule eine IT-Lehre absolviert, und er war drei Jahre bei der Bundeswehr. Das letzte Lebenszeichen stamme vermutlich aus dem Jahr 2009. Möglicherweise sei P. schon damals Opfer einer Gewalttat geworden. Erst im Sommer 2015 hätten die Eltern durch die Polizei vom Ableben ihres Sohnes erfahren.

Nach Informationen des Nordkurier lebte Maik P. im Jahr 2008 auf dem Grundstück in der Uckermark in einer Beziehung mit einem gewissen Raiko H.*), der nach eigenen Angaben in seinem Facebook-Profil indessen in Berlin wohnt, sowie mit einem weiteren Pärchen, Sven G.*) und Sara B.*) Das wollte die Staatsanwaltschaft allerdings weder bestätigen noch dementieren.

Der Mieter des Hauses in der Uckermark hatte im Juni 2015 bei der Reinigung eines alten Brunnens menschliche Knochen gefunden. Erst am 18. Juli 2015 stand für die Polizei dann fest, dass es sich bei dem Mordopfer um Maik P. handelte. Diese Information hielt sie aus ermittlungstaktischen Gründen lange unter Verschluss. Die Eltern aber wurden informiert und der Leichnam für die Bestattung freigegeben. *) Name von der Redaktion geändert*

+++ Uckermark Kurier/19. Mai 2016 +++
Von Dagmar Simons

■ Zeuge kneift vor Gericht

Der mit Spannung erwartete Zeuge Jörg G.*) ist vor dem Landgericht Neuruppin nicht erschienen. Seine Aussage könnte den angeklagten Raiko H.*) entlasten, wenn sie denn stimmt. Der 34-Jährige sitzt wegen des Verdachts, im Sommer 2009 seinen Freund und Geschäftspartner Maik P. umgebracht und den Toten in einem Brunnen versenkt zu haben, in Untersuchungshaft.

Jörg G. hatte seinen inzwischen verstorbenen Kumpel Toralf O.*), der eine Zeit mit dem Angeklagten und dem Opfer in dem kleinen Dorf gewohnt hat, als Täter bezeichnet. Dazu sollte der zurzeit Obdachlose Jörg G. nun befragt werden. Doch er kam nicht zum vereinbarten Treffpunkt, an dem ihn die Polizei abholen und zum Landgericht nach Neuruppin bringen sollte. Angeblich, so informierte der Richter, habe Jörg G. seiner Betreuerin gesagt, dass er sich entschlossen habe, nicht vor Gericht auszusagen. Nun soll er an einem der nächsten Verhandlungstage polizeilich vorgeführt werden.

Das Gericht ließ am Freitag eine Videoaufzeichnung seiner Vernehmung abspielen. Jörg G. und Toralf O. kannten sich bereits länger als zehn Jahre, hatten zusammen im Obdachlosenheim gewohnt und gemeinsam im Gefängnis gesessen.

Das hatte der Zeuge zu Protokoll gegeben

Bei einem Urlaub im Sommer 2009 an der Ostsee habe Toralf ein Gespräch so angefangen: „Du, wir haben was gemeinsam. Wir haben beide einen totgeschlagen." Und dann habe ihm Toralf O. erzählt, er sei nach seinem Auszug aus dem Dorf 2008, Anfang 2009 noch einmal in das Haus zurück, um den Rest seiner Sachen zu holen. Er habe Maik P. im Hof sitzen sehen – und zugeschlagen. Anlass soll wohl Eifersucht gewesen sein. Es sei dann überlegt worden, das Ganze wie einen Verkehrsunfall aussehen zu lassen oder die Leiche auf dem angrenzenden Acker abzulegen. Wer demnach noch dabei gewesen war, blieb im Dunkeln. „Ich habe am Anfang an einen schlechten Scherz geglaubt. Aber ich denke nicht, dass Toralf das erfunden hat", meinte Jörg G. bei der Polizei.

*) Name von der Redaktion geändert

In diesem Brunnen wurden die menschlichen Überreste gefunden.

◼ Rätsel um Todeszeitpunkt der Leiche im Brunnen

Auf der Anklagebank sitzt der ehemalige Lebens- und Geschäftspartner des Opfers, der 34-jährige Raiko H.*) Er soll Maik P. umgebracht haben, weil dieser eine neue Liebe gefunden hatte. Bei der handelte es sich um einen Cottbuser. Der 28-Jährige hatte P. 2009 im Internet kennengelernt.

Wie der Cottbuser berichtete, kam es Anfang Juni zu einem ersten Treffen bei ihm in Cottbus. Nach einem gemeinsamen Wochenende fuhr P. zurück in die Uckermark, verbrachte das darauffolgende Wochenende wiederum in Cottbus. Da sich P. einen Nagel in den Fuß getreten hatte und krankgeschrieben war, blieb er eine Woche bei seinem neuen Bekannten. Ihm ist noch gut das Auto von P. im Gedächtnis geblieben. „Mit 20 Jahren ist man ja noch euphorisch. Da freut man sich, dass man mal einen A 6 fahren darf." Wie P. ihm sagte, habe er sich das Auto von seiner Abfindung bei der Bundeswehr gekauft. Der Cottbuser wusste weiterhin zu berichten, dass P. immer „sehr oberflächlich" gewesen sei bei Themen, die ihn betrafen. Über seine Familie habe er nur gesagt, dass er zu ihr keinen Kontakt mehr habe.

Über Dritte habe er erfahren, dass P. beabsichtigte, eine Zweigstelle seines Sonderpostenmarktes in Cottbus zu eröffnen und dorthin zu ziehen. „Es sollte wohl auf eine Beziehung hinauslaufen", so der neue Bekannte. P. ließ den Kontakt dann aber im Sande verlaufen. Zuvor hatte P. ihm noch ein Hotel in Berlin für die Dauer des Christopher Street Days (CSD) besorgt und bezahlt. Und später das Geld zurück verlangt. Offensichtlich so massiv, dass der Bruder des Cottbusers am 27. Juli Anzeige erstattete. Zu einem Zeitpunkt, an dem P. nach den Ermittlungsergebnissen bereits tot war.

Brief ins Gefängnis geschrieben
Der Cottbuser glaubte, sich zu erinnern, dass er den Freund bis zu seinem Urlaub Anfang August 2009 noch zwei Mal gesehen hat. Nach längerem Überlegen und Nachfragen des Gerichts meinte er, dass er P. einmal nach dem CSD gesehen habe. Danach hätten sie nur noch telefoniert und sich über SMS ausgetauscht. Ein letztes Telefonat nach seinem Urlaub hatte der Cottbuser noch deutlich in Erinnerung. P. habe gesagt, er sei in einem Meeting und rufe zurück. Das geschah nie. „Sind Sie sich sicher, dass Sie mit Maik P. geredet haben?", fragte der Richter. „Ich bin davon ausgegangen", antwortete der Bekannte. Das Gericht zieht die Möglichkeit in Betracht, dass auch jemand anders als Maik P. die Handynachrichten geschrieben haben könnte. Die Abstände zwischen den einzelnen Nachrichten seien immer länger geworden, so der Cottbuser. Ab wann, wusste er jedoch nicht mehr. Häufig seien seine Anrufe weggedrückt worden.Ein guter Freund des Angeklagten, meinte, P. im Mai oder Juni 2009 das letzte Mal gesehen zu haben. „Genau festlegen kann ich mich nicht." Wochen später habe Raiko H. erklärt, er und Maik P. hätten sich getrennt. Über den Grund sei nicht gesprochen worden, so der Zeuge. Der Kontakt zu Raiko H. sei im Sommer 2011 abgebrochen, seit zwei Jahren komplett abgerissen. Er habe noch erfahren, dass Raiko H. im Gefängnis gewesen sei und ihm geschrieben. Als Antwort kam zurück, dass er später alles erklären wolle. Dabei blieb es. „Ich weiß bis heute nicht, warum und weshalb."
*) Name von der Redaktion geändert

+++ *Uckermark Kurier*/1. *Juni 2017* +++
Von Dagmar Simons

■ Eltern wurden mit Ausreden vertröstet

Sechs Jahre lang warteten die Eltern auf ein Lebenszeichen ihres Sohnes. Dann kam die traurige Gewissheit: Er ist tot – und das bereits seit Jahren. Als mutmaßlicher Täter steht nun sein damaliger Lebensgefährte Raiko H.*) vor dem Landgericht Neuruppin.

„Unser Maik", so spricht seine Mutter über ihn. Bis er Raiko H. kennenlernte, habe er ein unauffälliges Leben geführt, guten Kontakt zu Eltern und Geschwistern gehabt. Irgendwann habe Maik zu Hause erzählt, er habe einen jungen Mann getroffen, mit dem er einen Laden aufmachen wollte. Begeistert von dieser Idee war die Familie nicht. Sie kannte den Laden und wusste, dass dort die Kunden nicht Schlange standen. Wie ihr Sohn den Sonderpostenmarkt finanziert hatte, entzog sich der Kenntnis der Eltern. Ebenso, warum er bei der Bundeswehr aufgehört hatte. Kam es auf dieses Thema, hätte er „immer abgeblockt", erinnert sich die Mutter.

Sie half in dem Markt aus, mehr wollte Maik P. nicht. Durch ihre Arbeit habe sie des Öfteren Streit zwischen den beiden Männern mitbekommen. Meist ging es um Kleinigkeiten. Im Sommer 2009 haben die Eltern nach eigenen Aussagen ihren Sohn das letzte Mal gesehen. Als er nicht mehr in den Laden kam, habe sie Raiko H. darauf angesprochen, so die Mutter.

Erst hieß es, Maik tapeziere. Dann beschwerte sich Raiko H., dass er ihn mit der ganzen Arbeit allein lasse und nur nachts Geld aus dem

Safe entnehme. Immer wieder neue Ausreden hatte Raiko H. für die besorgten Eltern parat. Mal soll ihr Sohn in Berlin, dann in Cottbus, wo er ein Mädchen kennengelernt habe, gewesen sein. Später kam die Version, Maik habe untertauchen müssen, weil Geldeintreiber hinter ihm her seien. Ein halbes Jahr arbeitete die Mutter noch in dem Geschäft – ab November mit einem angeblich von ihrem Sohn unterschriebenen Arbeitsvertrag. „Ich habe sofort bezweifelt, dass das die Unterschrift von Maik war." Doch Raiko H. hätte ihr das mehrmals versichert.

*) Name von der Redaktion geändert

+++ *Uckermark Kurier/29. Juni 2017* +++
Von Dagmar Simons

■ Ex-Mitarbeiter sagt im Mordprozess aus

Maik P. war im Jahr 2009 von einem auf den anderen Tag verschwunden. „Es war schon mysteriös. Aber letztendlich haben wir uns keine Gedanken gemacht", sagte vor Gericht einer seiner ehemaligen Mitarbeiter.

Wann Maik P. verschwand, wusste auch der Mitarbeiter nicht genau. Der 31-Jährige hatte in dem gerade eröffneten Sonderpostenmarkt von Maik P. ab Juni 2009 als Ein-Euro-Jobber gearbeitet. Er erzählte dem Gericht, wie Raiko H.*) eines Tages allein statt wie sonst mit Maik P. zusammen in den Markt gekommen sei. Auf Nachfragen nach dessen Verbleib habe Raiko H. gesagt, der habe etwas anderes zu tun, beziehungsweise der komme erst einmal nicht mehr.

Auch das Geldinstitut des Opfers hatte vergeblich versucht, Kontakt mit Maik P. aufzunehmen, wie ein Sparkassenmitarbeiter sagte. Nachdem sie im September 2009 eine Bestätigung für Abbuchungen vom Privatkonto von Maik P. mit zwei Unterschriften bekamen, die nachweislich nicht von ihren Mitarbeitern stammten, erstatteten sie Anzeige wegen Urkundenfälschung. Maik P. habe nicht telefonisch erreicht werden können. In dem Sonderpostenmarkt habe sich Raiko H. gemeldet, der versprach, seinem Geschäftspartner Bescheid zu sagen. Einen Tag später erhielten sie einen Anruf von jemandem, der sich als Maik P. vorstellte. Im Laufe des Gesprächs kam jedoch der Verdacht auf, dass es sich um Raiko H. handelte, schilderte der

Sparkassenmitarbeiter. Die Bank ließ die Kontokarten von Maik P. sperren, „damit er gezwungen war, sich zu melden". Doch nicht er, sondern Raiko H. erschien in der Filiale mit den Karten, die ihm, wie er sagte, P. gegeben habe, damit er seine Bankgeschäfte erledige. Maik P. sei ständig auf Geschäftsreisen und deshalb nicht zu erreichen, habe er erklärt. Letztendlich kündigte die Sparkasse alle Konten. Für den Prozess sind noch weitere Verhandlungstage angesetzt.

*) Name von der Redaktion geändert

+++ *Uckermark Kurier/5. Oktober 2017* +++
Von Dagmar Simons

■ Die vielen Rätsel im Brunnenmord-Fall

Acht Jahre ist Maik P. nun tot. Gefunden wurden seine sterblichen Überreste mit Ausnahme der beiden Beine unterhalb der Knie erst vor zwei Jahren bei Arbeiten an einem Brunnen auf einem Privatgrundstück in der Uckermark. Seit Mai steht sein ehemaliger Lebens- und Geschäftspartner, der 34-jährige Raiko H.*), wegen Mordes vor dem Landgericht Neuruppin. Er schweigt bisher zu den Vorwürfen.

„Die Spurenlage war denkbar schlecht", sagte ein Polizeibeamter vor dem Landgericht Neuruppin. Doch „die Sache schien uns dubios genug." Sein Kenntnisstand im Herbst 2015 war, dass mehrere Beschuldigte im Fokus standen. Die vier, die mit in dem Haus gewohnt hatten. Nämlich neben dem späteren Opfer, der Angeklagte, seine Ex-Freundin und seine beiden Geschwister. Zunächst ging die Polizei davon aus, dass alle zeitgleich im Sommer 2009 ausgezogen sind, und zwar „scheinbar überstürzt", nach dem Zustand des Grundstücks zu urteilen. „Unsere ursprüngliche Hypothese war, dass sie etwas von so einer Tat mitbekommen haben müssten", so der Beamte. Wenn sie denn alle dort zur mutmaßlichen Tatzeit Anfang Juli 2009 gewohnt hatten. Doch diese Annahme bestätigte sich nicht. So war die Ex-Freundin bereits im Januar 2009 ausgezogen.

Die Polizei setzte Anfang 2016 verdeckte Ermittler ein, um weitere Erkenntnisse gewinnen zu können. Die Zeit, ein Vertrauensverhältnis zu den Beschuldigten aufzubauen, hatten sie nicht. Zwei als Privatdetektive getarnte Beamte nahmen Kontakt zu den drei Personen vor Ort auf.

Die Taktik der Ermittler

Der Angeklagte lebte zu der Zeit in Dresden. Am 7. und am 15. Januar 2016 führten die Privatermittler persönliche Gespräche. Ergebnis: „Es gab keine handfesten Erkenntnisse zum Tatgeschehen." Zu einem Treffen mit Raiko H. kam es nicht.

Der Plan der Polizei, Bewegung in die Sache zu bringen, funktionierte, so der Beamte. Denn mit dem Auftauchen der Polizei und dem Wissen, dass es Maik P. war, der jahrelang in dem Brunnen gelegen hatte, kam es zu Telefonaten unter anderem zwischen der Ex-Freundin und Raiko H. Doch die erhofften Offenbarungen blieben aus. Der Verdacht gegen die anderen hatte keinen Bestand. Nur Raiko H. sitzt auf der Anklagebank.

Die Verteidigung widersprach der Verwertung der verdeckten Ermittlungsergebnisse. „Die geführten Ermittlungen wurden von Hypothesen geleitet. Damit verschloss man sich weiteren Erkenntnissen", sagte der Verteidiger.

Bei einer erneuten Untersuchung des Brunnens im Juli wurden die restlichen Knochen des Skeletts gefunden. „Das Ergebnis wird niemanden überraschen", sagte der Vorsitzende Richter. Die DNA stimmt überein. Damit ist sicher, dass es sich um Maik P. handelt. Wer ihn umgebracht hat, das versucht das Gericht noch weiter aufzuklären.

*) Name von der Redaktion geändert

+++ Uckermark Kurier/20. Dezember 2017 +++
Von Dagmar Simons

■ Wurde er aus Eifersucht zum Totschläger?

Siebeneinhalb Jahre wegen Totschlags: Mit diesem Schuldspruch endete vor dem Landgericht Neuruppin ein Verfahren, das sich über 26 Hauptverhandlungstage hinzog. Auf der Anklagebank saß seit Mai der 34-jährige Raiko H.*), den die erste Große Strafkammer für denjenigen hält, der am 5. oder 6. Juli 2009 seinen Lebens- und Geschäftspartner Maik P. umgebracht hat. Zu diesem Ergebnis war das Gericht gekommen, in dem es ein Puzzleteil nach dem anderen in mühseliger Kleinarbeit zusammengesetzt hat. Zeugen waren vernommen, Gutachter gehört, Schriftstücke verlesen worden. Raiko H. hatte geschwiegen. Tatzeugen und objektive Spuren gab es nicht.

„Wir wissen wenig über den Angeklagten", sagte der Vorsitzende Richter. Nur so viel, dass der aus Mecklenburg-Strelitz stammende Mann damals ein eher unstetes Leben führte und es, so der Richter, mit der Gesetzestreue nicht so genau nahm. „Und das mit einer Nachhaltigkeit, die bereits zu einer Gefängnisstrafe führte."

Doch die Familie hielt zusammen. Deshalb zog Raiko H. mit seiner Schwester, seinem Bruder und deren Lebensgefährten 2007 in das Dorf in der Uckermark. Diese Wohngemeinschaft bestand erwiesenermaßen nicht lange. Für das Gericht stand fest, dass ab April 2009 Maik P. und Raiko H., die sich 2008 über eine Internetplattform kennengelernt hatten, die einzigen Bewohner des Hauses waren.

Gericht kann genauen Tat-Ablauf nur vermuten

Im Laufe des Jahres 2009 änderte sich das Verhältnis zwischen den Männern. P. hatte einen anderen aus Cottbus kennengelernt. Nachweislich hat er seiner neuen Liebe einen Berlin-Trip zum Christopher Street Day geschenkt. Am 5. Juli, P. war aus Cottbus zurück in der Uckermark, kam es zwischen ihm und Raiko H. zu einer Auseinandersetzung, in deren Verlauf Raiko H. den Partner umbrachte. Den genauen Ablauf der Tat könne das Gericht nur vermuten. Es ging, wie der Staatsanwalt, davon aus, dass es eine „emotional aufgeladene Situation" war, in der sich Raiko H. befand, eine Lage, in der er sein Leben von jetzt auf gleich ins Wanken geraten sah.

Als die Leiche 2015 entdeckt wurde, richtete sich der Verdacht zunächst gegen alle ehemaligen Bewohner des Hauses. Der erhärtete sich nicht. Übrig blieb Raiko H. Bei den Ermittlungen kam heraus, dass jemand am 6. Juli 2009 vom Privatkonto des Toten 420 Euro abgehoben hat – und zwar an einem Ort, „zu dem P. keinen Bezug hatte, wohl aber Raiko H.", so der Richter. Einen Tag später erfolgten innerhalb von drei Minuten drei Abhebungen von den Konten beider Männer. „Das sind ganz starke Indizien für eine Täterschaft", meinte der Richter. Das Gericht hätte sich lange mit Alternativen beschäftigt. Aber: „Es bleiben keine vernünftigen Zweifel, dass Raiko H. der Täter ist." – so das Resümee.

Damit noch kein Ende

Noch ist der Fall aber nicht abgeschlossen: Anfang Januar 2018 hat die Verteidigung Revision gegen das Urteil eingelegt, wie der Nordkurier berichtete. Die Sache geht voraussichtlich vor den Bundesgerichtshof, wo sie neu aufgerollt wird.

*) Name von der Redaktion geändert

Skelett im Brunnen: Revision gegen Totschlag-Urteil eingelegt

NEURUPPIN/▓▓▓▓▓▓▓▓▓ Der sogenannte Brunnenskelett-Fall von ▓▓▓▓▓▓▓▓▓▓▓ (Uckermarkkreis) wird 2018 wohl den Bundesgerichtshof beschäftigen. Wie eine Sprecherin des Landgerichtes Neuruppin am Dienstag erklärte, hat die Verteidigung des Verurteilten Revision gegen das Urteil eingelegt. Der 34-jährige Ex-Lebenspartner des Getöteten, der aus ▓▓▓ ▓▓▓▓▓▓▓▓▓ kam, war in einem Indizienprozess Ende Dezember zu siebeneinhalb Jahren Haft wegen Totschlags verurteilt worden. Beide wohnten 2009 auf einem Gehöft in ▓▓▓ ▓▓▓▓▓▓ Das Opfer betrieb einen Sonderposten-markt in ▓▓▓▓▓▓▓▓▓▓▓ und hatte den Verurteilten angestellt.

Der Fall hatte für Aufsehen gesorgt, weil der Geschäftsmann schon 2009 verschwunden und sein Skelett erst 2015 gefunden worden war. Nach Auffassung des Landgerichts hatte der Verurteilte den 24-Jährigen aus Eifersucht und wegen finanzieller Probleme umgebracht. Die Leiche habe er in Decken gewickelt und in den Brunnenschacht geworfen. Dann sei er weggezogen. Spätere Hausbewohner fanden das Skelett per Zufall. Durch Telefonüberwachung kamen die Ermittler dem jetzt 34-Jährigen auf die Spur.

Zeitungsausriss vom Nordkurier vom 3. Januar 2018

112

VIERTER TEIL

UNVERGESSEN

Fälle, die lange zurück liegen

KAPITEL I

DAS VERSCHWINDEN DER REGINA M.

+++ Nordkurier/1. Februar 2018 +++
Von Anne-Marie Maaß

■ „Aktenzeichen XY" bringt neue Hinweise im Fall Regina M.

Bringt ein Fernsehbeitrag in der ZDF-Sendung „Aktenzeichen XY – ungelöst" doch noch Licht in den Fall Regina M.? Die große Resonanz auf den Beitrag hätte man nach fast 24 Jahren jedenfalls wohl kaum erwarten können. Immerhin gingen in den Tagen nach der Ausstrahlung rund 40 Hinweise bei den Beamten ein – teilweise direkt im Fernsehstudio, aber auch an einem speziell eingerichteten Hinweistelefon in der Anklamer Polizeiinspektion.

Was damals geschah?

Am 3. Mai 1994 verschwand die damals 22-Jährige am Strandbad in Eldena, als sie dort mit einem Hund spazieren ging. Dieser wurde später von Passanten aufgegriffen, von der Greifswalderin fehlte jedoch jede Spur – trotz intensiver Suche der Polizei, aber auch durch Bekannte und Familienmitglieder. Erst bei einer erneuten Suche im Umfeld des Strandbades durch die Polizei am 31. Mai wurde Regina M. tot in einem alten Schweinestall entdeckt. Um das Gewaltverbrechen auch nach so langer Zeit vielleicht doch noch aufklären zu können, zogen die Beamten nun mit der deutschlandweit ausgestrahlten Fernsehsendung quasi den letzten Joker – mit Erfolg. Ob die neuen Hinweise auch nach so vielen Jahren noch zum Täter führen können, wird sich zeigen.

ANKLAM

22jährige vermißt

Anklam (ADN/EB). Die 22 Jahre alte Regina M████ aus ████ ████ wird vermißt. Wie die Polizeidirektion Anklam erst gestern mitteilte, hielt sich die Frau am Vormittag mit einem Hund am Strand von Eldena auf. Dort wurde sie gegen 11 Uhr letztmalig gesehen. Der Hund wurde bereits im Stadtgebiet gefunden. Laut Personenbeschreibung ist Regina M████ etwa 1,70 Meter groß und von schlanker Gestalt. Sie trägt eine goldfarbene Brille. Ihre Haare sind kurz und dunkelbraun. Bekleidet ist sie mit einer bunten Hose, einem grünen Pullover und Turnschuhen. Wer die Vermißte gesehen hat, kann sich bei jeder Polizeidienststelle melden.

Zeitungsausriss von der Suchanzeige am 6. Mai 1994 im Nordkurier

So meldete sich noch am Ausstrahlungsabend eine Frau aus Greifswald, die sich in dem im Fernsehen dargestellten Paar, das sich gleichzeitig mit Regina M. am Strandbad aufgehalten haben soll und nach dem die Polizei bislang erfolglos suchte, wiedererkannte. Sie solle sich jetzt erst noch einmal sammeln und dann wahrscheinlich in der Woche drauf zum Gespräch eingeladen werden, erklärte eine Sprecherin vom Polizeipräsidium in Neubrandenburg das weitere Vorgehen. Gleiches gelte auch für andere Hinweisgeber. Die Hinweise würden natürlich geprüft und je nachdem, wie vielversprechend sie sich darstellen, sortiert, hieß es.

In dem Fernsehbeitrag warb der zuständige Ermittler beispielsweise auch noch einmal darum, Hinweise zum männlichen Umfeld von Regina M. zu melden. Auch solchen Hinweisen werde nun nachgegangen. Im Rahmen von freiwilligen Speichelproben der Männer würden auch DNA-Abgleiche mit damals sichergestellten Spuren vorgenommen.

Die Beamten vermuten nach wie vor, dass Regina M. den Täter gekannt haben könnte oder er sie vor der Tat beobachtet hat. Dies begründen sie auch mit dem Auffinden des Trabants der Frau, der zwei Tage später in der Greifswalder Innenstadt entdeckt wurde. Der Täter hatte ihn, genauso wie Regina M. es immer tat, mit einem Stein hinter einem der Räder blockiert, da die Handbremse nicht mehr richtig funktionierte.

Ebenfalls wird einem Anruf nachgegangen, bei dem eine Frau meldete, am gleichen Ort damals von einem unbekannten Mann angesprochen worden zu sein. Die Frau war zu diesem Zeitpunkt jedoch gerade einmal elf Jahre alt.

Auch Anrufe aus anderen Bundesländern waren am XY-Abend eingegangen, die ebenfalls geprüft werden sollten. Danach würde entschieden, ob die Ermittlungen auch in Kooperation mit Polizeibeamten aus anderen Bundesländern weitergeführt werden.

Bei der Auswertung der Anrufe in der Fernsehsendung wurde zudem noch von einem Hinweis berichtet, bei dem jemand ein Gespräch über den Tod von Regina M. mitgehört haben will. Ob sich auch daraus eine neue wichtige Spur ergeben könnte, wollte die Polizei an den Tagen nach der Sendung noch nicht bestätigen.

Mord am Ostsee-Ufer: Fall bei „Aktenzeichen XY ... ungelöst"

Von Anne-Marie Maaß

Knapp 24 Jahre nach dem gewaltsamen Tod der ▮▮▮▮ Regina M▮▮▮ erhoffen sich die Ermittler neue Ansätze durch eine Ausstrahlung des Falls im Fernsehen. Die Tat ist bis heute ungesühnt.

▮▮▮▮▮ Ein Mordfall aus ▮▮▮▮ wird heute Abend ganz Deutschland beschäftigen. Der bislang ungeklärte Fall der getöteten ▮▮▮▮ Regina M▮ soll ab 20.15 Uhr in der Sendung „Aktenzeichen XY ungelöst" im ZDF vorgestellt werden. Die Ermittler erhoffen sich davon auch fast 24 Jahre nach dem Verschwinden der 22-Jährigen noch Ansätze für neue Ermittlungen.

Die junge ▮▮▮▮ wurde am 3. Mai 1994 zu-nächst als vermisst gemeldet. Damals war sie mit ihrem Hund am Strandbad in Eldena spazieren. Der Husky wurde noch am Tag ihres Verschwindens von Passanten am Eingangsbereich des Strandbades gefunden. Ihr Trabant wurde zwei Tage später in der Greifswalder Innenstadt entdeckt. Von Regina M▮ fehlte jedoch trotz intensiver Suche zunächst jede Spur.

Erst am 31. Mai fanden Polizisten ihre Leiche in einer Schweinemastanlage in Eldena – versteckt unter Bauschutt und Futtermitteltüten. Die Beamten gehen davon aus, dass die junge Frau getötet wurde, auch ein Sexualverbrechen schließen sie nicht aus. Am Tatort wurden DNA-Spuren gesichert, die teilweise bereits mit freiwillig abgegebenen DNA-Proben verglichen wurden.

Auch nach so vielen Jahren werden Fälle wie der von Regina M▮▮▮ nicht zu den Akten gelegt, sondern immer wieder von den Ermittlern auf neue Ansätze geprüft, sagte Katrin Kleedehn, Sprecherin des Polizeipräsidiums Neubrandenburg. So wurden auch im Fall der 22-Jährigen immer wieder Zeugen befragt. Bis in die 2000er Jahre hinein habe es dabei auch neue Erkenntnisse geben, die der Polizei zuvor noch nicht mitgeteilt wurden. Speziell suchen die Ermittler deshalb auch heute noch ein junges Paar, das sich am Tattag am Strandbad aufgehalten haben soll, und einen Mann, der in der Nähe der Schweinemastanlage gesehen wurde.

Mit dem Auftritt von Kriminalhauptkommissar Ulf Jokiel im Fernsehen erhoffen sich die Beamten, den Fall wieder im Gedächtnis der Menschen wach zu rufen und so vielleicht auch noch Zeugen finden zu können, die sich am Tag des Verschwindens im Bereich des Strandbades aufgehalten haben und eventuell Beobachtungen gemacht haben.

Dafür ist heute Abend eigens von 20 bis 24 Uhr ein Hinweistelefon besetzt. Dieses ist unter der Telefonnummer 03971 2514123 zu erreichen. Anschließend nimmt die Einsatzleitstelle in Neubrandenburg Hinweise entgegen unter 0395 55822224.

Die Leiche von Regina M▮▮▮ wurde am 31. Mai 1994 entdeckt. Die Ermittler vermuten, dass die junge Frau getötet und womöglich sexuell missbraucht wurde.　FOTO: ARCHIV

Kontakt zur Autorin
a.maass@nordkurier.de

Zeitungsausriss vom Nordkurier vom 30. Januar 2018

+++ *Nordkurier/15. September 1995* +++
Von Ralph Schipke

■ Ein Serienbetrüger beschert Gericht viel Arbeit

Der Angeklagte hatte zwar fast nie nennenswerte Summen auf seinem Sparkassenkonto. Um so mehr summierten sich seit 1993 die Monate seines Haftaufenthaltes. Die Rechnungen, die ihm im Saal des Neubrandenburger Amtsgerichtes aufgemacht wurden, kann der Beobachter schon als höhere juristische Arithmetik betrachten. Fünf Monate für diesen Scheckbetrug, sechs Monate für jene Urkundenfälschung, zwei Monate für eine geprellte Hotelzeche ist gleich... Nein, so einfach lässt sich das Strafmaß für den Mann aus Süddeutschland nicht addieren. In Neubrandenburg werden ihm insgesamt fünf Taten zur Last gelegt. Zwischen April und September 1993 hat er eine Autovermietung geprellt. Rechnungen in zwei Neubrandenburger Herbergen wurden nicht bezahlt. Eine Rechnung für Lampen über 6000 Mark hatte Walter P.*) mit gefälschten Einzugsermächtigungen begleichen wollen. Schließlich hat er noch einen Bekannten mit falschen Versprechungen um 1100 Mark „Darlehn" erleichtert.

Schneller Rückfall

Ganz sicher pikant für die Urteilsfindung war die Tatsache, dass der erste Rück-Fall dem Angeklagten just am Tag der Haftentlassung passierte. Er hatte bis dato eine Strafe für eine ganze Latte früherer Betrügereien verbüßt. Insgesamt nimmt sich mit 15 Vorstrafen sein Register beachtlich aus. Doch kaum auf freiem Fuß, begann der nächste Fehltritt. Mit einem geborgten VW-Transporter fuhr er in Neubrandenburg ein, ohne je eine rechte berufliche Perspektive vor Augen gehabt zu haben. Die Anstellung als Vertreter eines Lübecker Verlages erwies sich ebenso als Traum, wie die Summen auf dem Konto der alten Mutter, zu dem der gefallene Sohn freizügigen Zugang gehabt haben will. Immer wieder zahlte er großzügig in dem Glauben an die alte kranke Frau mit dem gesunden Konto. Ob P. die Frau Mama – nach seiner Aussage pflegebedürftig und von Alzheimer betroffen – ebenfalls unrechtmäßig um ihr Erspartes brachte, musste das Neubrandenburger Gericht nicht herausbekommen. Richter und Staatsanwalt haben mit den hier begangenen Verfehlungen auch so genug zu tun. Und dann müssen auch noch zwei Gerichtssprüche aus Flensburg und Limburg „gegengerechnet" werden, für die er bereits in Kiel einsitzt. All die kleineren und größeren Betrügereien, die er zwischen April und Oktober begangen hat, bringen ihm nun ein Jahr und zwei Monate plus drei Jahre. Macht vier Jahre und zwei Monate. Das Gericht folgte damit der Forderung des Staatsanwaltes. Zwar sei P. in allen Anklagepunkten geständig gewesen, doch wiesen die zum Teil dummdreisten Betrügereien eine Art von Hartnäckigkeit auf, die ihre Strafe finden muss. Bemängelt wurde von den Juristen aber auch die eigenwillige Praxis der Anklageerhebung in so vielen getrennten Verfahren, um deren wegen das schwierige Rechen-exempel in Neubrandenburg statuiert wurde. Ein sogenanntes Sammelverfahren für alle Taten wäre sowohl für den 48jährigen Angeklagten als auch für die Justiz einfacher und besser gewe-sen, so das Amtsgericht.

*) Name von der Redaktion geändert

+++ *Nordkurier/15. August 1992* +++
Von Susanne Ehlerding

■ Vorwurf gegen Mitarbeiter im Rotlicht-Milieu

Gegen den Betreiber eines Bordells östlich von Neubrandenburg wird wegen des Verdachtes auf Menschenhandel, Förderung der Prostitution und der Zuhälterei ermittelt. Anhaltspunkte für diese Straftatbestände ergaben sich bei Vernehmungen im Anschluss an erfolgte Festnahmen. Laut Aussage des zuständigen Staatsanwaltes ist der Beschuldigte größtenteils geständig. Ihm wird vorgeworfen, in der Tschechoslowakei Frauen von Zuhältern für 1500 bis 6000 Mark „gekauft" zu haben. Den Frauen wurden laut Auskunft der Staatsanwaltschaft die Pässe weggenommen; mehrere Wochen und Monate hätten sie unter massiven Drohungen in dem besagten Etablissement arbeiten müssen. Einige von ihnen sagten aus, nicht gewusst zu haben, was sie in Deutschland machen sollten. Erst hinter der Grenze sei ihnen der Zweck ihrer Reise eröffnet worden. Diejenigen, die sich nicht prostituieren wollten, so der Staatsanwalt, seien von einem Bodyguard in einem alten Armeebunker mit Reizgas traktiert worden. Gegen den Mann wird wegen des Verdachts auf gefährliche Körperverletzung ermittelt. Die Tschechoslowakinnen haben die Auflage, Deutschland innerhalb von 24 Stunden zu verlassen. Der Betreiber des Bordells ist unter der Auflage, sich regelmäßig bei der Polizei zu melden, auf freiem Fuß.

+++ *Nordkurier/8. November 1995* +++
Von Angela Stegemann

■ Messerstecherei endet mit Schwerverletztem

Einen Tag im Gerichtssaal erlebten die Schüler der 10 b des Pasewalker Gymnasiums. Fast wäre aus diesem Vorhaben allerdings nichts geworden, denn der Hauptzeuge Rudi L.*), der Geschädigte, reiste nicht zum Verhandlungsbeginn um 9 Uhr an. Das Gericht sah sich bereits gezwungen, einen neuen Termin anzuberaumen. Die ersten verließen schon den Gerichtssaal, als L. sich doch noch blicken ließ. So nahm die Verhandlung dann ihren Lauf. Mit auf der Anklagebank saß auch diesmal wieder der Alkohol.

Die Tat ist gut ein Jahr her, ereignete sich in der Nacht des 28. Oktober 1994. Georg P.*), der auf der Anklagebank Platz nahm, hatte sich gemeinsam mit seinem Bekannten zu einer Zechtour verabredet. Diese waren mittlerweile zum Wichtigsten in seinem Leben geworden. Der inzwischen 30-Jährige entwickelte sich im Laufe der Jahre zum Alkoholiker. Am Abend des besagten Tages trafen sich die beiden, ausgestattet mit genügend flüssigem Proviant, in der Wohnung von Rudi L. Als sie zu vorgerückter Stunde genügend Flaschen geleert hatten, kam es zu einer Auseinandersetzung. Wie diese genau vonstatten ging, ließ sich nach Aussagen des Gerichtes nicht mehr bis ins letzte Detail nachvollziehen.

Den beiden jungen Männern wurde es langweilig. Sie benutzten zunächst die Küchentür als Zielscheibe für das Messerwerfen. Doch dann befürchtete der Wohnungsinhaber den Zorn des Eigentümers, mahnte das Aufhören an. Da sein Kumpan dieser Aufforderung nicht gleich folgen wollte, schlug er diesem mit dem Handrücken auf die Nase. Daraus entwickelte sich plötzlich eine Messerstecherei. „Beide Männer hatten ein Messer in der Hand", stellte der Richter fest. Als „Sieger" ging Georg P. hervor. Er stach seinem Gegenüber das linke Auge aus, bohrte das Messer in die Brust. Rudi L. lag röchelnd auf dem Fußboden. Plötzlich bekam Georg es mit der Angst zu tun. Er rannte los, um Hilfe zu holen. Rudi L. lag lange Zeit im Krankenhaus. Ob er überleben wird, war ungewiss. Er schaffte es nur durch das Können der Ärzte, stellte das Gericht fest. Sein linkes Auge ist der junge Mann allerdings los. Zur Tatzeit hatte Georg P. rund drei Promille im Blut. Eine Höhe, in der das Gericht schon von Schuldunfähigkeit, hervorgerufen durch einen Rauschzustand, spricht.

Nach der Tat ein Neuanfang?
Die Zeit vor dem eigentlichen Beginn der Verhandlung nutzte der Angeklagte, um sich in einem Gespräch mit dem Richter darzustellen. Nachher wurde der junge Mann dafür in einer Pause von seiner Verteidigerin gerügt. Wenn er es nicht lerne, sein Mundwerk im Zaum zu halten, könne sie keinerlei Verantwortung mehr übernehmen. Der gesprächige junge Mann in Jeansbekleidung legte dar, wie sich sein Leben nach der Tat veränderte. Er beendete eine Therapie, bezeichnet sich jetzt als trocken. Derzeit ist er beim Physiotherapeuten in Behandlung. P. zog in einen anderen Ort, fand dort eine neue Lebenspartnerin. „Daran liegt mir sehr viel. Sie ist im dritten Monat schwanger", erzählte er. Einst arbeitete er als Altenpfleger, lernte Kranfahrer. Während der letzten Wochen versuchte er, in seinen alten Berufen Arbeit zu bekommen. Die Chancen stehen nach seinen eigenen Aussagen nicht schlecht. „Ich war lange arbeitslos,

jetzt möchte ich so richtig körperlich arbeiten", erklärte er. Auf die beiläufige Frage des Richters, ob er denn einmal versucht habe, zu seinem Opfer Kontakt aufzunehmen, um sich mit diesem auszusprechen, die Antwort: „Ich habe ihn seit der Entlassung aus der U-Haft nicht gesehen. Eine Einigung hätte mir aber gefallen."

Der Richter darauf: „Wäre es nicht Ihre Sache gewesen, den ersten Schritt zu machen?" „Ich wusste nicht, wie seine Eltern reagieren", erwiderte Georg P. Dann verwies er auf schwere motorische Störungen seinerseits. „Eben deshalb hätten Sie mit dem Trinken schon lange vor der Tat aufhören müssen", machte ihm der Richter klar.

Drei Jahre Bewährung

Kurz vor 12 Uhr am Verhandlungstag dann das Urteil. Das Gericht verkündet eine Freiheitsstrafe von einem Jahr und acht Monaten. Diese wird auf eine Bewährungszeit von drei Jahren ausgesetzt. Die fünfmonatige U-Haft wird dabei angerechnet. Bei der Strafzumessung, so der Richter, habe die Schwere der Verletzungen eine Rolle gespielt. Für den Angeklagten spreche, dass dieser die Tat eingestand, letztendlich Hilfe herbeiholte und Reue empfindet. Der Geschädigte, Rudi L., der während der Urteilsverkündung im Gerichtssaal saß, zeigte keine Reaktion auf das Urteil. Er hielt beide Augen geschlossen.

*) Name von der Redaktion geändert

+++ *Nordkurier/13. Dezember 1995* +++
Von Heike Sommer

■ Zuhälter muss für Jahre hinter Gitter

Freiheitsstrafen zwischen zehn Monaten und drei Jahren/drei Monaten verhängte das Neubrandenburger Landgericht in seinem ersten Prozess dieser Art wegen Zuhälterei und Förderung von Prostitution. Die Richter und Schöffen sahen nach der dreitägigen Hauptverhandlung die Schuld der drei angeklagten Männer als erwiesen an.

„Jenny, Susi und Babsi verwöhnen den großzügigen Herrn" – jede Woche, rund ein Jahr lang, erschien die Annonce in einem Neubrandenburger Anzeigenblatt, dazu eine Telefonnummer. Wer sie wählte, wurde mit einer Frauenstimme verbunden. Ihr konnte man(n) seine Wünsche äußern: Sex mit Susi oder Babsi, in ihrer Wohnung oder in seiner. Nicht Jenny und Susi hatten die Annonce aufgegeben, sondern Dieter L.*) Der 29-Jährige und zwei Mitangeklagte ließen insgesamt sechs junge Frauen in der Zeit von April 1993 bis April 1994 für sich „anschaffen". L., durch Hauskredite finanziell stark belastet, witterte ein lukratives Geschäft. Zunächst heuerte er eine junge Frau an, die in seinem Haus mit zwei kleinen Kindern wohnte und finanziell in der Klemme steckte.

300 Mark die Stunde

Sobald das Telefon geklingelt und die Verabredung zustande gekommen sei, habe L. sie mit dem Auto zum Treffpunkt gefahren und anschließend zurückbefördert, so die Frau vor dem Gericht. 300 Mark pro Stunde sollte sie nehmen, die Hälfte für die halbe Stunde. Anfangs, so sagt sie, nahm er ihr das gesamte Geld ab, später durfte sie 50 Prozent behalten.

Zur gleichen Zeit suchte L. per Annonce eine Hosteswohnung, um sein Geschäft auszuweiten. Der Mitangeklagte Robert S.*) (41) bot ihm seine Wohnung in der Innenstadt an, eine Mietwohnung der Neubrandenburger Wohnungsgesellschaft, die er selbst nicht mehr nutzte. Hier quartierten sie Christina ein und als Beschützer den ebenfalls unter Anklage stehenden 33-jährigen Falk P.*) Ihm wurde fortan die Rolle des Kraftfahrers und des Essenbeschaffers zugeteilt. Wohnungsanbieter Robert S. war als damaliger Taxifahrer auf seine Weise in das verlockende Geschäft eingestiegen. Er besorgte die Mädchen und verteilte Visitenkarten unter seinen Kunden und Kollegen mit besagten Telefonnummern (eine zweite Wohnung war bald gefunden), fuhr auch die Kunden, wenn gewünscht, gleich an Ort und Stelle. Die Mädchen und jungen Frauen lernte S. meist in Diskos kennen.

„An der Bar hat Robert mich gefragt, ob ich als Hostess arbeiten möchte", sagt Christina als Zeugin vor Gericht aus. Da sie Arbeit gesucht und zeitweise Zoff zu Hause gehabt habe, sei sie interessiert gewesen. Bei einem weiteren Treffen im Eiscafé in der Neubrandenburger Oststadt sei Dieter L. mit dabei gewesen. „Mir wurde gesagt, dass es um mehr geht, als nur Herren ins Restaurant zu begleiten", erzählt die 25-Jährige. Die Hostessnummer zogen die Angeklagten noch mehrmals mit Erfolg ab.

Sechs Besuche am Tag

Von 8 bis 20 Uhr hatten sie sich zur Verfügung zu halten, manchmal auch länger, erklärt Christina. Fünf bis sechs Besucher pro Tag seien keine Seltenheit gewesen, so die 19-jährige Nicole. Eine andere Zeugin sagte aus, dass sie von Dieter L. bedroht worden war, sich gegen sein Drängen nicht wehren konnte und Sex mit ihm dulden musste. Er habe zur Abschreckung auch eine Waffe besessen und stets die Hälfte der Einnahmen verlangt. Von allen, wie übereinstimmend vor Gericht ausgesagt wurde. Dieter L. stritt in der Hauptverhandlung aber vehement ab, Gewalt angewandt zu haben. Die Mädchen hätten freiwillig mit ihm Sex gehabt, erklärte er. Die drei Angeklagten hätten nach Ansicht des Gerichts noch weiterkassiert, wenn die Zuhälterei nicht durch einen Zufall aufgeflogen wäre. Hausbewohner hatten sich bei der Wohnungsgesellschaft über die vielen Fremden in ihrem Haus und den extrem hohen Wasserverbrauch beschwert. So rückte überraschend die Polizei an, bereitete dem Treiben ein Ende.

Keine Miene verzogen

Das Gericht blieb mit seinem Urteil unter der Forderung der Staatsanwaltschaft. Um abschreckend auf andere potentielle Täter zu wirken, hatte diese Haftstrafen zwischen vier Jahren/neun Monaten und einem Jahr/drei Monaten gefordert. Dieter L., den das Gericht eindeutig als Boss des Unternehmens ausmachte, muss für drei Jahre/drei Monate hinter Gitter. Ihm wurde keine Bewährung zugebilligt. Bei der Urteilsverkündung verzog L. keine Miene. Seine Kompagnons Falk P. und Robert S. wurden zu Freiheitsstrafen von einem Jahr bzw. zehn Monaten verurteilt. Ihre Strafen wurden zu jeweils zwei Jahren Bewährung ausgesetzt. Falk P. muss zudem 130

Stunden gemeinnützige Arbeit leisten. Robert S. 2000 Mark in zehn Monatsraten zahlen. Das Geld kommt dem Neubrandenburger Frauenhaus zugute.

*) Name von der Redaktion geändert

+++ *Nordkurier/14. Juli 1995* +++
Von Heike Sommer

■ Einige Dosen Bier, ein Toter und drei Verletzte

Weit über das von der Staatsanwaltschaft geforderte Strafmaß fiel das Urteil gegen einen Autofahrer aus, der das Leben bzw. die Gesundheit von drei Menschen auf dem Gewissen hat. Ein Jahr Freiheitsstrafe, ausgesetzt zu einer dreijährigen Bewährung und einer Geldbuße von 4000 Mark – so endete die dreistündige Verhandlung gegen Hassan K*).

Der Richter verstand dieses Urteil vor allem als Warnung, „weil auch durch ein höheres Strafmaß das entstandene Leid nicht wiedergutzumachen ist", wie er betonte. Hassan K. wurde vom Gericht bestraft, weil er sich trotz Trunkenheit hinter das Steuer seines Autos gesetzt und mit dem Fahrzeug einen tödlichen Unfall auf der Bundesstraße 96 verursacht hatte. „Es tut mir leid", stammelte der dunkelhaarige junge Mann, als er sich zum Unfall vor Gericht äußern sollte. Stockend erzählte er, was sich am 16. September besagten Jahres vor Antritt der verhängnisvollen Autofahrt abspielte, die schließlich mit dem Tod eines ihm fremden Mannes auf der B 96 kurz hinter Neubrandenburg endete.

In Arbeitspausen getrunken

Hassan K. arbeitete damals auf einer Großbaustelle in der Neubrandenburger Innenstadt. An jenem Freitag im September mussten wegen des schlechten Wetters immer wieder Pausen eingelegt werden.

Während der Unterbrechungen griffen die Bauarbeiter zur Bierdose. „Ein paar Kollegen haben was ausgegeben", erzählte der Angeklagte. Doch wieviel Bier er im Laufe des Vormittags trank, bevor er zum Arbeitsschluss gegen 13.30 Uhr unter die Dusche ging und sich für die Heimreise nach Bielefeld fertig machte, daran konnte sich der Angeklagte nicht mehr so genau erinnern. Als er schließlich mit seinem Kollegen ins Auto stieg, habe er nicht daran gezweifelt, den Wagen führen zu können. Auch zur Geschwindigkeit, mit der er die Bundesstraße befuhr, fehlte ihm die Erinnerung. Die Sachverständigen wiesen dem Gericht aufgrund der gemessenen Alkohol-Promillewerte und der Spurensicherung am Unfallort nach, dass der Angeklagte mindestens sieben halbe Liter Bier intus gehabt haben und mit einer Geschwindigkeit zwischen 140 und 150 Kilometer pro Stunde gefahren sein musste. Hassan K. war in einer Rechtskurve mit seinem Auto ins Schleudern geraten und auf der Gegenspur mit einem Pkw frontal zusammengestoßen, dessen Fahrer noch am Unfallort verstarb. Dessen Beifahrerin wurde schwer verletzt. Auch der Angeklagte selbst zog sich schwere Knochenbrüche an beiden Beinen zu. Sein Kollege kam mit leichten Prellungen davon.
Sowohl für die Staatsanwaltschaft, als auch für das Gericht war klar, dass der Angeklagte „bedingt vorsätzlich gehandelt" hatte. „Denn er wusste, dass er eine lange Heimreise vor sich hatte, und hatte dennoch getrunken", erklärte der Richter. Die Entscheidung, die Freiheitsstrafe auf eine dreijährige Bewährung auszusetzen, sei nicht leicht gefallen, betonte der Richter. Schließlich wolle man keine falschen Signale geben, dass bei Trunkenheit am Steuer nicht hart genug gerichtet wird.

4000 Mark Bußgeld

Die verordneten 4000 Mark Bußgeld muss der Verurteilte in Monatsraten von 200 Mark bezahlen. Das Geld kommt einem gemeinnützigen Verein zugute. Zudem wurde Hassan K. der Führerschein für zwei Jahre entzogen.

*) Name von der Redaktion geändert

FÜNFTER TEIL

KRIMINALISTISCHES GESPÜR

Im Dienste der Wahrheit

+++ Nordkurier/24. April 2014 +++
Von Simone Weirauch

■ Tatort-Professor ist für sie kein Kollege

In Vorpommern wird ein 47-Jähriger tot in seiner Wohnung gefunden. Wenige Monate später dann ein weiterer Fall, bei dem ein viel zu junger Mensch ums Leben gekommen ist: Ein 27-Jähriger liegt tot in einem Haus in Ueckermünde. Familienangehörige, Freunde, Nachbarn – wer mit so einem Erlebnis konfrontiert wird, reagiert erst einmal hilflos und entsetzt. Erst eine Obduktion verschafft Klarheit: Warum ist dieser Mensch gestorben? Meist brodelt dann schon die Gerüchteküche. Wo es keine Fakten gibt, machen sich Vermutungen breit. Die Kriminalpolizei war da, die Leiche musste in die Gerichtsmedizin. Ist da etwas nicht mit rechten Dingen zugegangen?

Für Axel Falkenberg, Pressesprecher der Anklamer Polizeibehörde, ist der Umgang mit solchen Fällen Alltag. Nicht jeder unnatürliche Todesfall ist die Folge eines Verbrechens. Aber um das auszuschließen, muss die Polizei ermitteln, sagt er. Auch wenn es für die Angehörigen des Toten oft schwer ist: Erst eine Obduktion und eine gründliche Untersuchung aller Umstände lassen eine sichere Aussage zu. Im Fall des 27-Jährigen in Ueckermünde stand schnell fest:

Der junge Mann ist zwar keines natürlichen Todes gestorben, aber da hat auch niemand nachgeholfen. Den Ermittlern zufolge ist er in seiner Wohnung gestürzt und an den Verletzungen verblutet.

Fälle wie diese können so schnell aufgeklärt werden, weil die Gerichtsmediziner schnell und präzise arbeiten. „Wir obduzieren noch am gleichen oder spätestens am folgenden Tag", sagt Professor Dr. Britta Bockholdt. Sie ist die Direktorin des Instituts für Rechtsmedizin in Greifswald. Ein schnelles Ergebnis sei für die Ermittler wichtig, die den Tod aufklären wollen, aber auch für die Angehörigen, denn die wollen den Leichnam bestatten. Dafür muss er freigegeben werden.

200 Obduktionen nehmen die Greifswalder Rechtsmediziner im Jahr vor. Außerdem erstellen sie bei qualifizierten rechtsmedizinischen Leichenschauen Expertisen. Immer geht es darum, ob es einen Hinweis auf Fremdeinwirkung gibt. Doch wer jetzt an den kriminalisierenden Professor Börne aus dem Tatort Münster denkt, der liegt völlig schief. Jegliche Vergleiche mit Gerichtsmedizinern in Fernseh-Krimis lehnt Professor Britta Bockholdt strikt ab. Das habe mit der täglichen Arbeit in der Gerichtsmedizin wenig zu tun. „Wir sind keine Ermittler, wir sind Ärzte", sagt sie.

Aber eines steht fest: Ohne die professionelle Arbeit der Gerichtsmediziner ließe sich ein Tötungsdelikt durchaus vertuschen. Die Greifswalder konnten das durch die routinemäßige Leichenschau bereits einmal verhindern. In mehreren Fällen haben sie auch schon festgestellt, dass die Todesart auf dem Totenschein falsch angegeben wurde und Menschen nicht eines natürlichen Todes gestorben sind.

In Mecklenburg-Vorpommern werden alle Leichen vor der Verbrennung im Krematorium einer zweiten Leichenschau unterzogen. Bis

Professor Dr. Britta Bockholdt: „Wir sind keine Ermittler, wir sind Ärzte", stellt sie klar.

zu 8000 Untersuchungen im Jahr kommen da zusammen, und es werden immer mehr, weil die Urnenbestattungen zunehmen. Findet sich der Hinweis auf einen unnatürlichen Tod, dann ist eine innere Leichenschau die einzige Möglichkeit, die wahre Todesursache herauszufinden. Das entscheidet aber der Staatsanwalt. Übrigens können auch Angehörige im Zweifelsfall solche Ermittlungen in Gang bringen, sagt Professor Britta Bockholdt.

KAPITEL II

DER RICHTIGE INSTINKT

+++ *Der bekannte Biologe im Interview* +++

■ Mark Benecke, der etwas andere Aufklärer ...

... und seine Sichten auf Leben und Tod sowie Methoden und Mythen, die bei der Feststellung von Täterprofilen und Todesursachen in der Kriminaltechnik eine Rolle spielen.

Die einen bewundern ihn, sind ganz fasziniert von seinen Arbeitsmethoden, die anderen finden, dass er schlichtweg ein komischer Vogel ist: Mark Benecke ist in der Kriminalistenszene sehr bekannt. Er ist jemand, der fachlich schwierige Zusammenhänge auch für Laien verständlich erklärt und sich – wenn es um Aufklärung von Todesursachen und Straftaten geht – für nichts zu schade ist, was ihm viel Aufmerksamkeit in den Medien bringt. Aber er polarisiert auch. „Das ist doch der mit den Maden?" hört man den einen oder anderen sagen, der ihn aus dem TV kennt. Und wirklich, Mark Benecke, seines Zeichens Dipl.-Biol., Dr. rer. medic., M. Sc., Ph. D., hat augenscheinlich wenig Hemmungen, wenn er seinem Beruf und wohl auch seiner Berufung nachgeht. Die Redakteure, Lars Gerulat von Uckermark TV sowie Elke Enders von mecklenbook, hatten Gelegenheit, mit Mark Benecke über dessen Ambitionen, Ansichten und die Popularität seiner Person sowie seine angepackten Themen zu reden. Einige der Interviewfragen und -antworten sind hier abgedruckt.

Lars Gerulat: Warum ist der Tod an sich so populär?

Dr. Mark Benecke: Der Tod ist, glaube ich, gar nicht so populär. Also er trifft ja sowieso jeden, ob populär oder nicht. Er ist eher etwas, wo Menschen sich ein bisschen dran reiben. Wie eben auch an Politik, die kommt zu einem nach Hause. Ob man will oder nicht. Keine Ahnung, sei es jetzt über Steuergesetzgebung, Kindergeld, ob die Straße geteert wird oder nicht. Das sind ja alles politische Entscheidungen. Und das weiß natürlich jeder. Der Tod kommt auch nach Hause, ins Krankenhaus oder in die Straßenbahn oder ins Theater, oder wo er einen gerade abholt. Ich denke, das sind dann Sachen, bei denen man zwangsläufig drauf gestoßen wird. Bei allen anderen kann man sich ablenken. Da kann man sagen: „Ach, ist mir egal. Kümmere ich mich nicht drum. Not in der Welt, die Amphibien und Insekten sterben aus, mit dem und dem will ich nichts zu tun haben." Das kann man dann von sich weghalten, aber Politik und den Tod kannst du halt nur schwer von dir weghalten. Also eigentlich gar nicht. Ob er dann populär ist, ist eine andere Frage. Er rückt aber zwangsläufig ins Bewusstsein.

Lars Gerulat: Naja, auch in den Sendungen, in denen du oft Bericht erstattest, z. B. über Hitlers Überreste, oder woran ist wer gestorben usw. Das zieht ja viele Menschen an. Die wollen das ja bewusst gucken, deswegen sind diese Sendungen auch populär. Das meine ich eigentlich.

Dr. Mark Benecke: Ach so. Mein Team und ich erzählen gemeinsam nicht nur über die Kriminalfälle, sondern auch über Naturwissenschaft. Das ist eigentlich ein Trick. Heute Abend erzähle ich 'was über spannende Kriminalfälle, die total crazy sind. Und am Ende des Tages, ohne dass ich das sage, habe ich den Leuten erklärt, wie

Mark Benecke ist auch als Dozent tätig, um von seinen Erfahrungen zu berichten.

Foto: Ines Benecke

man Dinge prüft. Was man prüfen kann. Zum Beispiel: Gibt es Gott? Keine Ahnung, kann man nicht prüfen. Muss man erst mal definieren. Da man das aber beliebig definieren kann, ist es sinnlos, das naturwissenschaftlich zu prüfen. Oder wir erzählen völlig andere Geschichten, etwa über den Kreislauf des Lebens. Wie Eisen recycelt wird, was ja auf der Erde nie entstanden ist. Also, alles Eisen, was wir haben (Anmerkung der Redaktion: zeigt auf seinen Körper), zum Beispiel im Blut, ohne das wir ja nicht atmen könnten. Es ist ja in diesem Atmungsbestandteil drin. In dem Farbstoff, mit dem wir da atmen. Sowas nehmen die Leute mit nach Hause. Ich glaube, in Wirklichkeit lernen die Leute über den Tod überhaupt nichts. Und dafür ganz viel darüber „Wie prüft man was?", „Was ist der Unterschied zwischen einem Ein- und Ausschlussverfahren?", „Wann soll ich mich überhaupt aufregen über Dinge, und wann sollte ich mich engagieren? Oder ist es letzten Endes Wurst?", „Warum gibt es keine höhere Gerechtigkeit? Aber warum gibt es Wahrheit?"

Lars Gerulat: Wie viel Eisen haben wir im Blut? So einen Teelöffel voll?

Dr. Mark Benecke: Keine Ahnung, aber ich weiß, dass es nicht auf der Erde entstanden ist. Und wenn dann alle Leute immer sagen: „Ih, Fäulnis ist so ekelig!", dann sage ich immer, „Ja, aber ohne Fäulnis wird es ja nicht wiederverwertet." Der Stickstoff, den du jetzt in dir hast, der ist ja auch schon mehrmals, oder die Hälfte davon ungefähr, ist ja auch durch „landwirtschaftliche Prozesse" – um es jetzt mal freundlich zu formulieren – hindurch gegangen. Und wenn es keine Fäulnis gäbe, dann gäbe es dich jetzt auch nicht.

Lars Gerulat: Gibt es da krasse Abstufungen? Also stellen wir uns mal vor, dass wir jemanden, der ein bisschen mehr Tiefkühlpizza in seinem Leben gegessen hat und deswegen mehr Konservierungsstoffe in seinem Körper drin hat, und jemanden, der Vegetarier ist, vergleichen. Gibt es da einen Unterschied beim Verwesen?

Dr. Mark Benecke: Ach, das weiß ich nicht. Also, ich bin ja Veganer, weil du so auf mich gezeigt hast, und nicht Vegetarier. Aber ist ja auch egal: Ich denke, der Darminhalt stinkt nicht so bei Veganern.

Lars Gerulat: Haben sich nicht die Liegezeiten durch Konservierungsmittel in den Lebensmitteln erhöht?

Dr. Mark Benecke: Nein, nicht durch Konservierungsstoffe in Lebensmitteln. Wodurch man sie erhöhen kann, das zeigen Beispiele aus Amerika: Dort wird man einbalsamiert. Das hat nichts mit Balsam oder so zu tun, sondern mit Formaldehyd. Das ist ein ganz, ganz krasses Konservierungsmittel, denn in den USA werden die Leichen oft über so weite Strecken transportiert. Weil das ja ein Riesenland ist und die Leute nicht immer in dem Bundesstaat, in dem sie beerdigt werden, auch versterben oder leben. Deswegen ist das da ziemlich verbreitet. Da hast du dann ganz andere Fäulnisveränderungen. Das sieht ganz komisch aus. In Deutschland hättest du öfters eher lehmigen, kühlen, sauerstoffarmen Boden im Friedhof. Da zersetzen sich die Leichen nicht so stark. Aber die Konservierungsmittel spielen da nicht so eine Rolle. Nehmen wir mal an, du würdest auf eine Leiche lauter Konservierungsmittel, Insektengift, alles Mögliche drauf kippen, dann würde sie von innen heraus trotzdem faulen. Wir haben ja mehr Bakterienzellen als menschliche Zellen am und im menschlichen Körper. Das heißt, es ist egal, wenn du von außen alles abtötest, dann würde der Prozess von innen heraus trotzdem einsetzen, und der Körper zersetzt sich ja auch noch zusätzlich von selbst. Also auch ohne die Bakterien würde der zerfallen, weil wir keine Energie mehr zu uns nehmen, und dann fällt diese ganze Maschinerie auseinander, wie eine Taschenuhr, die du gegen die Wand schmeißt. So zerklirrt das alles.

Lars Gerulat: Ich habe mal von Mönchen gehört, die sich in Ecken setzen und ins Nirwana gehen und fast 300 Jahre später noch genauso aussehen. Wie machen die das dann?
Dr. Mark Benecke: Das ist ja ein Märchen. Der Itigelow, der Hambo Lama aus so einem sibirischen Kloster, der wird alle 20 Jahre mal wieder rausgekramt. Der saß in so einer Kiste, in einer Gebetskiste,

die von manchen Mönchen benutzt wird, um nicht einzuschlafen. Es gibt ja da so welche, bei denen man sich auf den Rücken schlagen lassen kann, während man meditiert. Oder es gibt halt so ungemütliche Kisten, in denen man nicht einschlafen kann, damit man weiter meditiert. Und da hat der damals gesagt: „Ja, ich bleibe da jetzt drin sitzen, und dann könnt ihr mich rausholen. Dann werdet ihr sehen, mein Körper ist erhalten als Zeichen der Energie oder göttlichen Kraft". Das ist ja einfach so eine Mischung aus Wachsleiche und Vertrocknung. Mit der Leiche habe ich bestimmt schon seit 30 Jahren zu tun, weil: Immer wieder, wenn nichts los ist, kommt das hoch. Oder, wenn die im örtlichen Kloster das ein bisschen hoch pushen. Oder ein Fernsehsender mal wieder die Sau da durchs Dorf treibt. Das ist auch eine super Geschichte, muss man sagen. Denn Käfer gehen nicht ran, die würden die Mumie sonst zersetzen. Ganz am Anfang, als die den das erste Mal aus der Kiste geholt haben, sah man noch ganz viel Fettwachs. Das entsteht nun mal im Kühlen. Da war es halt kühl in Sibirien. Jetzt, wo er sauber gemacht ist, sieht man die Vertrocknung, also diese rötlich-braune, dunkelbraune Schinkenfarbe. Schinken ist ja eine Leiche, eine vertrocknete, und das ist schon spannend. Das neueste ist, dass er jetzt beweglich sein soll, dass er sich jetzt hin und her bewegt (Anmerkung der Redaktion: MB macht Schaukelbewegung nach vorn und hinten). Was jetzt kein Wunder ist, weil er halt in so einem Lotussitz aufrecht dasitzt, und das Gewebe ist halt leicht mumifiziert. Ich meine, klar, das schaukelt schon mal, wenn sich da irgendwas bewegt, sei es auch nur die Luft.

Lars Gerulat: Was denn noch?

Dr. Mark Benecke: Ach so, die Augen soll er noch auf und zu machen, so wie die kleine Rosalia in Palermo. Das ist eine kleine Mumie, also vertrocknete Leiche. Und sie hat als Augen kleine Schlitze, die Augenlider liegen nicht ganz zusammen. Und je nachdem, wie du da hin leuchtest, fällt der Schatten anders. Die Leute wollen das halt. Die wollen, dass das funktioniert. Ehrlich gesagt, was soll's. So lange kein Schaden dadurch entsteht, können die Menschen ja gerne daran glauben. Ich meine, jede Religion glaubt an irgendwas. Die Leute glauben, wenn der Schornsteinfeger vorbei läuft, dann bringt das Glück oder wenn du am Knopf reibst.

Lars Gerulat: Mal unabhängig vom Glauben, wann oder wie ist denn der eigentliche Übergang vom Leben zum Tod?

Dr. Mark Benecke: Biologisch gesehen, stirbst du ab dem 24./25. Lebensjahr, weil dann die aufbauenden Prozesse immer langsamer werden. Das ist eine bisschen schräge Definition, und die meisten sagen dann so: „Was? Ich bin doch 27 und noch knackefrisch." Ja gut, dann ist das halt so, wenn du meinst. Aber auf jeden Fall enden die Aufbauprozesse so langsam. Das sieht man doch schon, man wächst nicht mehr. Erste Alterungserscheinungen treten auf. Medizinisch kommt es darauf an, was du machen willst. Also, wenn du jetzt transplantieren willst, also explantieren, dann sagst du natürlich: „Tot ist, wenn derjenige garantiert nichts mehr mitbekommt. Und wenn das Gehirn garantiert tot ist, können wir den Kreislauf künstlich aufrecht erhalten. Dann können wir halt explantieren: Knochen, Haut, Hornhaut, Leber, Milz – alles. Herz, Lunge, und das ist sehr gut. Knochen, Langknochen und so. Aber das würde uns Kriminalisten nicht reichen. Also wir in unserem kriminalistischen Bereich würden natürlich die Leute nicht beerdigen, wenn jetzt nur keinerlei Wahrnehmung, also sozusagen ein Gehirntod vorliegt. Bei uns sind dann die echten Todeszeichen wieder ganz andere. Das ist dann das mit der Schwerkraft, Totenflecke, wenn das Blut runter sackt. Wenn also kein Kreislauf mehr da ist. Anders als bei der Explantation. Unsere kriminalistische Todesdefinition wäre daher: Leichenstarre, Fäulnis oder mit dem Leben nicht zu vereinbarende Verletzungen: Zerstückelungen, aber so richtig massiv. So meinetwegen, dass der Kopf ab ist und so weiter. Das sind dann ganz sichere Todeszeichen. Du könntest jetzt auch hingehen und es ganz geisteswissenschaftlich machen: Jemand ist „tot", wenn er oder sie keinen Beitrag zur Gesellschaft leistet. Oder so, wie das von manchen Rechtssystemen gemacht wird: Wenn jemand sich außerhalb der menschlichen Gesellschaft bewegt – durch eine schlimme Tat, dann hat er sein Lebensrecht verwirkt. Dann ist er sozusagen wie tot. Das kannst du definieren, wie du willst.

Lars Gerulat: Hm, okay. Für mich ist dann aber auch noch die große Frage: Was ist Leben? Das haben wir ja eben so ein bisschen angerissen, und der medizinische Prozess ist ja auch so, dass wir immer älter werden. Hat das Auswirkungen auf die Definition? Auf die biologische Definition von Leben im eigentlichen Sinne? Da könnten ja noch irgendwelche Moleküle oder irgendwelche medizinischen Stoffe … und ja?

Dr. Mark Benecke: Nein, eigentlich gar nicht. Es wird halt viel gemacht. Also, man kennt das ja von Lungentransplantationen, da gibt es ja einen sehr bekannten Schlagersänger, der eine hatte. Jetzt vor ein paar Tagen, also jetzt ist Ende Januar 2017, hat gerade eine Frau mehrere Tage ohne Lunge existiert. Da hat man die an so ein künstliches System angeschlossen. Das war ein absoluter Einzelfall. Da haben auch alle Ärzte gesagt: Ob das nochmal klappt, das weiß kein Mensch. Du hast Chemikalien, Medikamente und alles Mög-

liche. Du hast Dopingsubstanzen im Sport, alles. Nahrungsverän-
derungen mit Veganern oder irgendwas anderes. Aber das ändert
eigentlich nichts Grundsätzliches am Leben. Leben ist einfach nur:
Du nimmst Energie auf und verarbeitest sie kontrolliert. Ein super,
super kompliziertes, über Jahrmillionen ausgetüfteltes Gleichge-
wicht von Zellen und Zellverständigung und Signalübertragung
mit schwachem Strom, über Nerven, Wachstum, Weitergabe der Informationen an Nachkommen, soziale Informationen – das bricht
dann im Tod zusammen. Und dann wird das Material irgendwann
recycelt, und es geht weiter. Es hat sehr wenig mit den Umgebungs-
bedingungen zu tun, die wir Menschen für wichtig halten, es ist
ein uraltes übergreifendes Wunder auf der ganzen Erde, in jedem
Krümel Erde.

Lars Gerulat: Beseelt oder unbeseelt?
Dr. Mark Benecke: Ja genau, beseelt oder unbeseelt.

Lars Gerulat: Also, je nachdem, wie jemand möchte.
Dr. Mark Benecke: Ja, das kann jeder für sich bestimmen. Ich meine, als Naturwissenschaftler und Naturwissenschaftlerin musst du
natürlich einen Maßstab anlegen. Also: „Wie baue ich ein Auto? Wie
baue ich ein Flugzeug? Wie baue ich ein Hochhaus? Ohne dass alle
darin sterben, die das betreten." Und da ist der Maßstab: Es muss
reproduzierbar sein. Andere müssen es mit derselben Anleitung genauso machen können. Wenn das nicht klappt, dann stimmt was
nicht mit der Anleitung. Und es muss auf jeden Fall widerlegbar
sein. Es darf jetzt nicht eine Anleitung sein, bei der man sagt: „Das
stimmt auf jeden Fall, und wenn es dir nicht gefällt, dann biste zu
doof." So nicht. Wenn wir sehen, dass da eine Berechnung falsch ist

und das zeigen können, muss man bereit sein einzusehen, dass was falsch ist. Es sollte also verifizierbar sein, vor allem aber falsifizierbar. Und da ist natürlich für eine Seele, wie man sie sich als Kind vorstellt oder so, kein Platz. Wirst du dich gleich jucken? Das kann man, wenn man dich ins MRT legt, sicher vorher sagen. Jetzt in den letzten 3-4 Jahren hat man auch unglaublich viele Detailforschungen gemacht zu allen möglichen Zusammenhängen: zwischen Hirn-Veränderungen und wie die sich körperlich auswirken. Ich habe es gerade für die Radio 1 Sendung nachgeschaut, weil ich darüber am Samstag was mache: Warum denken manche Leute, die nicht frühstücken, dass man dadurch schlanker wird, dass man aber durch Depressionen dicker wird? Und diese ganzen Sachen, die wir als gute Ratschläge von der Oma bekommen haben: Das ist alles mittlerweile gut untersucht. Auch durch die Abbildung der Nervenvorgänge sind jetzt seit wenigen Jahren sehr viele, feinste Unterteilungen im Gehirn gut dargestellt worden, auf ganz kleiner Ebene. Also, kurz gesagt: Glauben kannst du an alles. Aber ich frage mich halt: Wozu? Das ist ja irgendwie eine Energieverschwendung. Ich kann jetzt auch glauben, dass in Wirklichkeit vier Leute vor mir sitzen. Ja, okay gut. Aber warum sollte ich mir die Arbeit machen, das zu glauben?

Lars Gerulat: Bist du Veganer geworden aus dem Job heraus? Also, hat der Lehrer ein Stück Fleisch auf den Tisch geschmissen und gesagt: „Guck mal, was da drin ist"?

Dr. Mark Benecke: Achso nee, sowas gab es damals noch nicht im Unterricht. Ich weiß, was du meinst, was die Köche jetzt öfter mal machen und Köchinnen auch. Sarah Wiener macht das ja auch, Jamie Oliver und ein paar andere. Dass die dann ein paar Kindern zeigen, hier das ist das süße Kaninchen oder von mir aus auch der Fisch. Oder was auch immer die gerade niedlich finden. Oder interessant. Wo man das Leben auch sieht, und dann bereiten sie das gemeinsam zu. Das gab ja dann auch sofort riesen Proteste. Sowas gab es noch nicht, als ich kleiner war. Da war Tiere lieben *und* essen völlig normal. Das ist ein Standard, den du überall noch hörst: „Hä?! Ich mag das Tier doch total", also beispielsweise das Kaninchen. „Warum soll ich das denn jetzt nicht essen?" Also, wo ist da der Zusammenhang? Die Bewusstseins-Stufe, dass Liebe zum Tier nicht damit zusammenpasst, es zu töten, wenn es tausende pflanzlicher Alternativen gibt, war natürlich früher seltener erreicht. Ich weiß nicht. Ich mag Tiere einfach. Ich erzähl mal eine eindrucksvolle Sache: Ich habe früher mit Blutegeln, Schnecken und Tintenfischen gearbeitet und geschaut, ob die lernen können, etwas *nicht* zu tun – also Vermeidungslernen. Das ist eine besondere Form von Lernen. Unser Chef, das war damals einer, der hatte früher in den 50ern oder 60ern Affen trainiert, die in den Weltraum geschickt wurden. Ein Psychologie-Professor. Er hat bis zu seinem Lebensende solche Lernversuche gemacht. Es war irre zu sehen, dass die Tiere so viel können. Heute wissen wir das alles, ne. Aber das einfach mal live zu erleben, dass die Tiere einen viel größeren Verhaltensspielraum haben, besonders klar erkennbar, wenn du mit ihnen zusammen lebst. Also, die Blutegel nehmen dich nicht wahr oder bemerken dich. Sie bemerken dich nur, wenn du sie anstößt mit so Wattestäbchen. Das mögen sie halt nicht. Die Tintenfische sind hingegen schon jetzt so wie, ich weiß nicht, was jetzt das netteste Haustier ist – Katze, Hund oder so. Wo die Leute ein halbes Jahr lang trauern, wenn das stirbt. Weil sie eine wirklich echte, nicht eingebildete Beziehung zu den Lebewesen haben und diese umgekehrt zu uns. Vom Leid durch

Kein untypisches Bild für den Biologen: Mark Benecke untersucht Mumien.

Foto: Benecke.Com

Zucht und Töten reden wir da noch gar nicht, sondern von Wahrnehmung und Beziehung zueinander. Und so ist das auch mit den Tintenfischen. Und da habe ich mir irgendwann gedacht: „Wäre doch völlig daneben, die jetzt zu essen. Das ergibt keinen Sinn."

Lars Gerulat: Na, also ich glaube, viele haben Beziehungen zum Tintenfisch aufgebaut, besonders zur WM. Als Orakel (Dr. Mark Benecke: Ja, ja, der Paul). Da wäre ein Hype durch die Medien gegangen, wäre der auf dem Teller gelandet. Ich glaube, das geht ruckzuck.
Dr. Mark Benecke: Der Paul war auch ein interessantes Beispiel, weil er gar nicht so glücklich war. Ich habe ihn auch besucht,

nach der WM. Und der klebte da abgefuckt in einer Ecke, es war Horror – ich hab jetzt wirklich viel mit Tintenfischen, sehr viel, gearbeitet. Sehr lang. Da waren wir auch auf einer einsamen Insel, und da war sonst nichts. Da sind wir abends auch nicht in die Kneipe gegangen oder so. Vielleicht einmal in den Pub, aber die meiste Zeit haben wir mit Tintenfischen gearbeitet – also Paul, der saß da so rum, in Oberhausen, glaube ich, in der *Sea World*. Da saß er in der Ecke und hat um die Ecke geguckt. Es war ihm alles ein bisschen viel. Das war so ein kleiner schmächtiger Tintenfisch. Du hast recht: Er wäre dann wirklich ein gutes Beispiel, denn da wäre wirklich der Aufschrei da gewesen, wenn er gegessen worden wäre.
Bei einem anderen Tintenfisch wäre es aber schon wieder was anderes gewesen.

Lars Gerulat: Ist in Zukunft noch was geplant? Sowas wie Hitlers Überreste angucken?
Dr. Mark Benecke: Tja, das kann kein Mensch wissen. Die Fälle landen halt einfach bei mir.

Lars Gerulat: Aus deiner Sicht die komischen oder größeren Fälle?
Dr. Mark Benecke: Die sind groß oder klein. Sie sind alle, wie sie sind. Sie landen halt einfach bei mir, weil ich sie mache und es sonst keiner machen will. Also bei Hitler war das genauso. In dem Moment wusste ich das aber nicht. Ich wusste auch nicht, dass ich der einzige Mensch sein würde, der sowohl den Schädel als auch die Zähne detailliert angucken würde. Und dass sich das politisch so schnell ändert, dass es später gar nicht mehr möglich ist. Dass ich der Einzige bin, der hochauflösende Aufnahmen hat. Der Einzige, der mit dem Geheimdienst gut reden konnte, weil da auch zu der

Zeit Tauwetter war. Das war Zufall – alles, alle Fälle, die bei uns landen: Den Angehörigen, denen man nicht glauben will, die sagen: „Schauen Sie mal, das war ein Suizid.", „Ja, Ihr Sohn war depressiv. Es liegen die Tabletten daneben, was wollen Sie genau?" „Kann ja sein, aber er und sie haben sich trotzdem kurz vorher gezankt. Wie wollen Sie jetzt ausschließen, …" – Ausschlussverfahren – „ …, dass das kein Tötungsdelikt ist?" Dann sagen alle: „Jetzt hören Sie doch mal auf und akzeptieren die Selbsttötung!" Aber Denken ersetzt keine Spurenbearbeitung. Und so landet das alles bei uns: große und kleine Fälle, verrückte. Alle Fälle sind wirklich gleich. Echt. Wenn du dir mal alle Akten durchblättern würdest, aber so viel Zeit hast du nicht, aber wir haben über 1070 bis 1080 Akten von einzelnen, eigenen Fällen. Gar nicht zu erwähnen, die nicht in Akten erfassten Fälle. Da würdest du wahrscheinlich bei jedem einzelnen Fall alle fünf Minuten sagen: „Äh, Mark? Sag mal, hää?" Es ist wirklich immer spannend, wenn du genau hinsiehst. Es gibt keine „normalen" Fälle.

Lars Gerulat: Und das muss ja bei dir auch was Besonderes sein, oder?
Dr. Mark Benecke: Du meinst, dass das bei mir landet?

Lars Gerulat: Nein, so insgesamt. Für dich als Person legst du halt fest, dass du die skurrilen Sachen lieber haben willst.
Dr. Mark Benecke: Ja gut, also naja, das bedingt sich. Klar – langweilige Sachen möchte ich nicht gerne bearbeiten, aber andererseits ist mir noch nie etwas Langweiliges untergekommen. Also, als ich in New York gearbeitet habe, hatten wir da so ein Rotationsverfahren im Labor. So hat man alle fünf Wochen die Sexualdelikte bekom-

men. Jeden Morgen kamen dann lauter gleich große Schachteln mit den Sexualdelikten. Wenn du das denn die ganze Zeit machst und dir sagst: „Oha, tja, um 5 geh ich nach Hause" oder so, dann wird selbst das normal, obwohl das acht Schachteln mit acht völlig unterschiedlichen, sehr interessanten, spannenden, schrägen, eindrucksvollen Fällen sind. Wo Angehörige dran hängen. Wo Menschen möglicherweise am Staat verzweifelt sind und an der Gerechtigkeit. Oder am Einhornglück, was da draußen ja irgendwo sein soll. Aber du kannst natürlich auch sagen: „Ja, ich schneide jetzt die Unterhose aus, mit den Spermaspuren, und dann geht es schon mal weiter Richtung Wahrheit." Es ist jetzt nicht so, dass ich Wert darauf lege, einen spannenden Fall zu kriegen. Sondern dadurch, dass ich auch an den Fällen, wo die anderen sagen: „Langweilig", „Nicht bearbeitbar", „Doof", „Gibt's sowieso kein Geld für", die nehme ich einfach an, und dadurch ergibt sich das automatisch. Da ist immer etwas Spannendes zu finden. Immer.

Lars Gerulat: Okay, das heißt die eigene Neugier. Ich hoffe und viele andere auch, dass die Neugier weiterhin auch vorhanden bleibt. Und dass wir noch viele interessante Fälle von Mark Benecke haben werden ... Ich bedanke mich für das Interview.
Dr. Mark Benecke: Ja, ich danke Euch. Und auch danke für die Fragen.

Zudem hatte mecklenbook-Redakteurin Elke Enders Gelegenheit, noch ein paar Zusatzfragen zu stellen:

Elke Enders: Worin sehen Sie Ihre Hauptaufgabe, darin knifflige Fälle aufzuklären oder darin, vor allem auch zu unterhalten und an die Materie heranzuführen?

Dr. Mark Benecke: Ich habe als Kind – für meinen Geschmack – zu oft gehört: „keine Ahnung", obwohl ich gemerkt habe, dass die Lösung doch bekannt, aber unangenehm war. In den Worten von Michael Kunze (‚Tanz der Vampire', Prof. Abronsius): „Wenn in mir der Verdacht erwacht, es wird mir was verschwiegen, versuche ich mit aller Macht, die Wahrheit rauszukriegen. Schon in der Wiege fing ich an, mein Spielzeug aufzubiegen."

Elke Enders: Was ist eigentlich ein Ausschlussverfahren und wann kommt es vordergründig zum Einsatz?

Dr. Mark Benecke: Auch das hat jemand anders besser gesagt als ich es könnte, nämlich Conan Doyle: „*Once you eliminate the impossible, whatever remains, no matter how improbable, must be the truth.*" (Anmerkung der Redaktion: „Sobald du das Unmögliche beseitigst, muss alles andere, wenn es auch noch so unwahrscheinlich erscheint, die Wahrheit sein.")

Elke Enders: Und was ist dann ein Einschlussverfahren? Wann braucht man das?

Dr. Mark Benecke: Ich kann nicht jeden Morgen prüfen, ob das ‚wirklich' meine Matratze ist, auf der ich liege, oder ob Kobolde sie heimlich ausgetauscht haben. Denken will ich aber auch nicht, denn das könnte durch falsche Grundannahmen zu Fehlern führen.

Eine Kamera-Aufzeichnung (Matratzen-Überwachung) habe ich auch nicht. Daher prüfe ich einfach „Einschluss-Kriterien", also nur grob, „ob es passt": Die Matratze riecht wie ich, sieht aus wie gestern, hat dieselbe Härte, hat dieselbe Größe, liegt im selben Rahmen, passt schon. Ich prüfe aber nicht, was naturwissenschaftlich viel sauberer wäre, ob diese Matratze Merkmale aufweist, die zeigen, dass sie *nicht* meine sein kann: Ist fremde DNA drauf? Ist sie erst heute Nacht hergestellt worden? Das alles dauerte zu lang, daher schaue ich halt nach Einschluss-Merkmalen. Richtig sauber ist die Einschluss-Beweisführung aber zumindest spurenkundlich nicht: Siehe Sherlock-Holmes-Regel.

Elke Enders: Kann man sagen, wieviel Prozent der Fälle, so Pi mal Daumen, in der Kriminalistik-Szene vielleicht auch einem Irrtum aufgesessen haben und letztlich falsch aufgeklärt wurden? Das heißt, dass es Fälle gibt, wo der falsche Täter ermittelt worden ist? Gibt es die? Oder nur in ganz verschwindend geringem Prozentsatz?

Dr. Mark Benecke: Es gibt aus den USA gute Zahlen. Mindestens zehn Todes- und lebenslange Urteile sind dort pro Jahr – durch Spuren nachträglich bewiesen – falsch: Eine andere Person war der Täter oder die Täterin. Es gibt auch deutsche Literatur dazu, etwa von Erich Sello, einem Juristen, der dafür von anderen Juristen schwer angefeindet wurde:

Die Irrtümer der Strafjustiz und ihre Ursachen, Geschichte der Justizmorde von 1797-1910, Berlin 1911. Es ist halt nichts perfekt, auch nicht der Übergang der autistischen Spurenwelt zur polizeilichen Ermittlungswelt und zur juristisch-abstrakten Auslegungswelt. Leben ist kompliziert, Fälle auch – weil sie im Leben spielen.

Elke Enders: Hatten Sie auch schon so einen Fall, der erst im zweiten oder dritten Anlauf richtig aufgeklärt werden konnte?

Dr. Mark Benecke: Das weiß ich nicht. Ich schaue mir ja nur die Spuren an und sage dann, was ich weiß und was nicht. Ich kenne aber Fälle, in denen die Spuren vergessen wurden und der Fall dadurch eigentlich gar nicht vernünftig bearbeitet werden konnte. Grundsätzlich machen alle einen super Job – das Problem sind falsche Grundannahmen, gegen die am ehesten Experimente schützen. Aber das volle Spurenprogramm ist, wie im Alltag, oft nicht zu stemmen.

Elke Enders: Welches war für Sie der spektakulärste Fall, der durch Ihre Finger ging?

Dr. Mark Benecke: Für mich sind alle Fälle gleich. Es bringt nichts, dem einen Fall mehr Aufmerksamkeit zu schenken als einem anderen. Jeder Fall ist verrückt und voller spannender Spuren, wenn man mit kindlicher Neugier offen und ohne Annahmen daran geht.

Elke Enders: Herzlichen Dank für das Gespräch.

Dr. Mark Benecke: Ich habe zu danken.

Auch bei mecklenbook erschienen

Kriminalakte Müritz
Zwischen Straftat und Haftbefehl

Tausend Seen, schier endlose Wälder – ein Land wie aus dem Bilderbuch. Mittendrin die Müritzregion. Rund um Deutschlands größten Binnensee mit deutschen Ufern ranken sich blühende Städte und urige Dörfer. Aber auch hier gibt es sie, düstere Geschichten, die das Leben schreibt und die sich jenseits belebter Einkaufsstraßen zutragen.

Thomas Beigang, Softcover, 96 Seiten, Artikel-Nr.: 85719, 12,90 €

Kriminalakte Neubrandenburg
Das Schaudern ist hier!

Es waren grausige Funde, die die Bewohner der Viertorestadt über Wochen in Atem hielten. Hier ein Schenkel, dort ein anderes abgetrenntes Körperteil, die plötzlich im Tollensesee oder umliegenden Gewässern auftauchten. Der Mord an einer Frau und deren brutale Zerstückelung sorgen bis heute für Gesprächsstoff. Aber es hat sich noch viel mehr zugetragen.
Andreas Segeth, Paulina Jasmer und Kollegen, Softcover, 160 Seiten, Artikel-Nr.: 85726, 12,90 €

Auch bei mecklenbook erschienen

Kriminalakte Vorpommern
Dem Verbrechen auf der Spur

Es geschah am helllichten Tage, als ein Unbekannter den beiden Mädchen begegnete, gar nicht weit ab von deren Zuhause an einem Feldrand... Es sind teilweise brutale Taten, die in der „Kriminalakte Vorpommern" zu Tage treten. Vor allem sind es Taten, die sich wirklich zugetragen haben.
Thomas Krause, Simone Weirauch und Kollegen, Softcover, 160 Seiten, Artikel-Nr.: 85737, 12,90 €

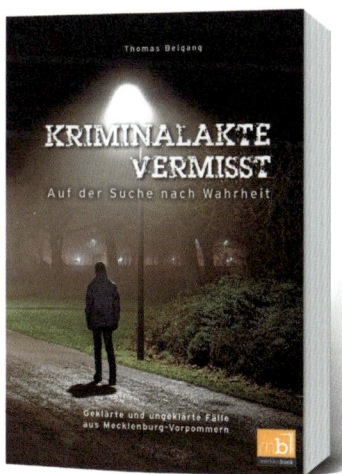

Kriminalakte Vermisst
Auf der Suche nach Wahrheit

Wenn Menschen spurlos verschwinden, über Jahre unauffindbar sind, dann ist das, was die Angehörigen durchmachen, mit Worten nicht zu beschreiben. Die „Kriminalakte Vermisst" widmet sich solchen höchst sensiblen Kriminalfällen aus Mecklenburg-Vorpommern. Dabei taucht Journalist Thomas Beigang tief in die Materie ein und berichtet mit Fingerspitzengefühl von schier unglaublichen Vorkommnissen und bewegenden Verlusten.

Thomas Beigang, Softcover, 160 Seiten, Artikel-Nr.: 85795, 12,90 €

Auch bei mecklenbook erschienen

Sterben war ihr täglich Brot

Die Testpiloten von Rechlin

Spätsommer 1940, Müritzwind: Alltag auf der Erprobungsstelle in Rechlin. Surrende Motoren, Techniker, die über die Grasbahn laufen und Flugzeuge, die abheben, um gefährliche Flugmanöver auszuprobieren. Die Aufgabe besteht darin, auszutesten, welche Schwachstellen die verschiedenen Flugzeugtypen aufweisen. Nicht wenige stürzten ab.

Norbert Lebert, Softcover, 304 Seiten, Artikel-Nr. 85803, 17,90 Euro

Heute ist morgen schon gestern

Gegen das Vergessen

Eine Trilogie, die das Leben schrieb: Wahre Begebenheiten, die sich von 1933 bis heute zugetragen haben, verpackt in einer bewegenden Erzählung. Die schicksalhaften Erlebnisse dreier Frauen, die in einer familiären Beziehung zueinander stehen, geben Einblick in die Zeit.

Karin Cieslicki, Softcover, 328 Seiten, Artikel-Nr.: 85754, 12,90 €

Bestellen Sie unter 0800 151 3030 (Anruf kostenfrei) oder unter www.mecklenbook.de

Auch bei mecklenbook erschienen

RAF im Osten
Terroristen unter dem Schutz der Stasi

Die linksextremistische Rote Armee Fraktion (RAF) hatte in der Bundesrepublik zwischen den 70er und 90er Jahren etliche Sprengstoffattentate, grausame Entführungen und Morde zu verantworten. Was niemand für möglich hielt: Zehn RAF-Aussteiger fanden in der DDR Unterschlupf – gedeckt von der Stasi. Sie bekamen eine neue Identität und das bis zur Wende 1990.

Frank Wilhelm, Artikel-Nr.: 85761
200 Seiten, Softcover, eBook 9,90 €,
14,90 €

Einfach total genial
Warum wir Ossis nicht zu bremsen sind

Von wegen, der Ossi-Normalverbraucher wusste sich nicht zu helfen. In den staatlich verordneten 40 Jahren Mangelwirtschaft hat er gelernt zu improvisieren und mit mancher Erfindung, Marke Eigenbau, zu verblüffen. Und die funktionieren teilweise bis heute. Glauben Sie nicht? Dieses Buch erzählt davon.
Frank Wilhelm, Softcover, 160 Seiten,
Artikel-Nr.: 85827, 14,95 €

IMPRESSUM

HERAUSGEBER   Nordkurier Mediengruppe GmbH & Co. KG,
                   Friedrich-Engels-Ring 29, 17033 Neubrandenburg
REDAKTION   Thomas Beigang, Rainer Marten, Elke Enders
GESTALTUNG   Hannes Ackermann
DRUCK   Druckhaus Panzig, Greifswald
FOTONACHWEIS   Titel: © fergregory - Fotolia.com, S. 8 Thomas Türülümow, S. 9 Jörg Foetzke,
                   S. 28,35 Felix Gadewolz, S. 77-84 Rainer Marten, S. 101 Claudia Marsal;
                   S. 136 Archiv Nordkurier, S. 139 Benecke.Com, S. 148 Ines Benecke

Herausgegeben 2018